片づけられない女のための

こんどこそ！片づける技術

Kyoko Ikeda
池田暁子

文藝春秋

まえがき

皆さんはじめまして、池田暁子と申します。
イラストレーターをやってます。
一人ぐらしをしている2Kのアパート（26平米）は
仕事場も兼ねているのですが、
これが、いわゆる「汚《お》部《べ》屋《や》」なのです……。
親兄弟にも見せられないような汚さになって、早5年。
たびたび片づけも試みるのですが、なぜだか
片づけ始める前よりも、もっと汚くなる始末……。

テレビで見かけるゴミ屋敷のおばあさんが
他人に見えなくなってきた今日この頃、
ここらでいい加減に片づけないと
私の人生、本格的にまずくなってしまいそうな事件が勃発。
こんどこそ片づけないと、この先に道はありません〜。
…というわけで、こんな私の「汚部屋」脱出物語、
物珍しく(?)見守っていただければ幸いです。

contents

私の名前は池田暁子《きょうこ》
東京都在住 フリーの
イラストレーターです
仕事は自宅でしています
この仕事――
締め切りが重なったりすると
大変なこともあるけど
時間が比較的
自由に使えるので
気に入っています
描いたもの
絵は
パソコンの中で
描くことが
多いです
こんな風に

絵の具などを使って描くときは…
ガタン
よいしょっと
こちらのテーブルで作業します
…はい？
部屋をもう少しよく見せて欲しい？
いや 普通ですよ普通！
お見せするほどのものでは…
あっ

池田が覗かれた「自宅兼仕事場」
6畳・3畳＋台所の2K、約6年前に入居。
引っ越しの荷をすべてほどくのに3年を要した。
床の7～8割方は常に物で覆われている。
……
どうしてこんなに散らかるのか自分でもさっぱりわからないんです
タスケテ

池田の1日
朝――
ぎゅう
せまいよう
う〜ん
池田が朝起きて
はじめにすること
「部屋の電気を消す」
またつけっぱなしでねちゃった…
そろそろ
月末だし
今日こそ請求書
書かないとなあ…
めんどくさいよう
書類がニガテ
あっ
もう用紙が
ないじゃん…
新しいの
買ってこなきゃ
シャワー
浴びてから
出かけるか
ぬぎっぱ
どぼどぼ
どぼ
どぼ

どぼ どぼ
シャワーっていうかホース
どぼ どぼ どぼ
シャワーヘッドがとれちゃってるんだけど
部屋が汚すぎて修理の人を呼べないのだ――
もう2年ぐらい…
外に出て買い物をすませて――
帰りたくないなああんなキタナイとこ
帰宅
なんかいろいろ来てたけど…あとで見よう
さてと
書くぞ請求書
よいしょ
狭いなあ
ぐい
がちゃん

あーあ
なんで私って
いっつもこんな
えーと
掃除機は…
あそこか…
いいや
手でやろう…
結局たった1枚の
請求書を書くのに
半日がかり
びんせん探して
封筒探して
ハンコと朱肉
探して…
やっと
書けた…
なんで
何回書いても
間違うのかな…
切手
貼らなきゃ

切手はこのへんかな？
ん？
何だつけこの袋…？
THANK
買つたまま忘れていた新品の請求書を発見……
買いに行かなくてもあつたんじゃん…
そんなこんなで仕事はたいしてはかどらないまま深夜――
今日のうちにもうちょつと進めとかないとまずいなあ…
でも…
もう…
ぐー
むり
10ページ1コマ目にもどる

あなたの家は大丈夫？
「汚部屋」度チェックシート

当てはまるものに×印をつけてください。

□ フトンが水平に敷けない。

□ CDの中身が違ったり、入ってなかったりすることがよくある。

□ 家の中で真っ直ぐ3歩以上歩けない。

□ 5年以上、家に人を呼んでいない。

□ さっきまで手に持っていた物が見つからない。

□ 全巻揃えていたはずのマンガが何冊も見当たらない。

□ リモコンが行方不明で録画予約ができない。

□ 目が覚めた瞬間、あまりの汚さに正直ウンザリする。

□ 窓が開けられない。

□ お正月がつらい。

あなたはいくつ当てはまりましたか？

0〜1コ　「汚部屋」度　0%
「汚部屋」とは無縁なあなた、その状態をキープして。

2〜4コ　「汚部屋」度　40%
黄色信号です。出した物は所定の場所に片づけましょう。

5〜7コ　「汚部屋」度　70%
床が見えなくなるのも時間の問題。物を捨て始めて。

8〜10コ　「汚部屋」度　100%
ゴミ屋敷一歩手前です。ぜひ一緒に片づけましょう。

第1話

彼が突然やってきた……

15年来の友だちが
ひとり身の私を心配して
会社の同僚を
紹介してくれた
ユミちゃん
(夫アリ)
何度めかの
デートのとき――
オレ 最近
インテリアに
興味あるんだよね
池田さんて
一人ぐらし
でしょ?
どんな感じの
部屋なの?
わ
私の部屋?
イラストレーターさん
だから おしゃれな部屋
なんだろうなあ…
どうする自分

そ そうね―― 基本 北欧で
若干《じゃっかん》 アジアンテイスト かな――
言っとけ
どこが ですか
へえー 見てみたい なあ…
そんな 素敵な 部屋じゃ ないよー
まじで。
こんど 行って いい？
い いや 散らかって るから…
それはもうシャレにならないぐらい
またまた 謙遜《けんそん》してー
謙遜じゃありません
最近 何か 面白い 映画見た？
映画かー そうだねー
ゴクゴクゴク
とりあえず危機回避

ところがある夜——
電話だ
誰だろう こんな時間に
そして どこだろう 携帯は
ここか
ハイ
こんばんは—— ごめんね 夜遅くに どうしてた?

あっ こんばんは♪
テレビ見てた——
どうしたの？
いやね
さっきまで
友だちと飲んでたん
だけどね
そういえば
池田さんち
この近くだったな
と思って
名刺の
住所見て
来ちゃっ
た——
コンコン
コンコン
コンコン
コンコン
コンコン
お水一杯
もらえない
かな？

……あれ？
もしも〰〰し♪
コンコンコンコンコンコンコン
お留守
かな？
いや　でも
〃テレビ見てた〃
って言ってたし…
もし
も〰〰し♪
カチャリ

……
あ
あの
…………
……
ごごごめんね
夜中に突然
来たりして
あはは
こっ こちらこそ ごめん
休んでいってもらいたいのは
やまやまなんですけど
そういうスペースがないというか

おおおれ
タクシーひろって
帰るね
は
はい
じゃあね
おっ
お邪魔しました
い
いえ
か…帰り
気をつけて
パタン
カチャ
し――ん
ガク
ガク
ガク
ガク

ええと ええと
このキタナイ部屋に彼が来て見て帰った
どーする私？
……
とりあえずメールだ！
記憶なくすぐらい酔っていてくれてたのむ
いちかばちか
今日はごめんね。
ちょっと散らかってて…。
帰り大丈夫だった？
よかったらまたこんど
ごはんでも食べに
行きましょう。
私は今週末空いてまーす！
もーだめ
ぐー
えいっ
送…信っ!!

翌朝――
チュン
チュン
窓からさわやかな朝の光が
さしこんで――
キラキラと
光に映えるのは――
―ホコリ！
き…汚い
まったく
朝から
この部屋は…

こんだけ汚かったら
そりゃ
びっくりも
するよね
うんうん
ぷるぷるぷるぷるぷる
こんなに汚い
部屋に住んでる
女って…
駄目だろうな
ずーん
やっぱし
あーちょっと外に出て
気分転換してこよう
こんな部屋に
いたら
気がめいる
早いとこ
外に出て——

一刻も早く
外に出て――
ガサゴソガサゴソ
あった!
外の空気を――
外の――
それからええと…
空気を吸つて――
あった
サイフ!
スッキリしなくちゃ!
ケータイゆうべから開きつぱじゃん…
あっ
新着メール!
彼からだ!!
こないかと思ったよ

Re：今日はごめんね。
こちらこそ、夜遅く突然訪問したりしてすみませんでした。もしかしてこのところ忙しかったんですか？
……忙しくても忙しくなくても
記憶あったか
こんななんですウチはだいたい
ふつうは違うのね…
してこのところ忙しかったんですか？
これからも体に気をつけてお仕事がんばってください。
(以上)
これは…わかるぞ私でも…
大人の文章講座
行間を読もう！
プラン
ごはんでも食べに行きましょう。
私は今週末空いてまーす！
具体的な日どり
プランはあえて無視
これからも体に気をつけてお仕事がんばってください。
これからもずっといつであろうが会う気ナシ
撃…沈
だめ…か
空いてまーす
空いてまーす

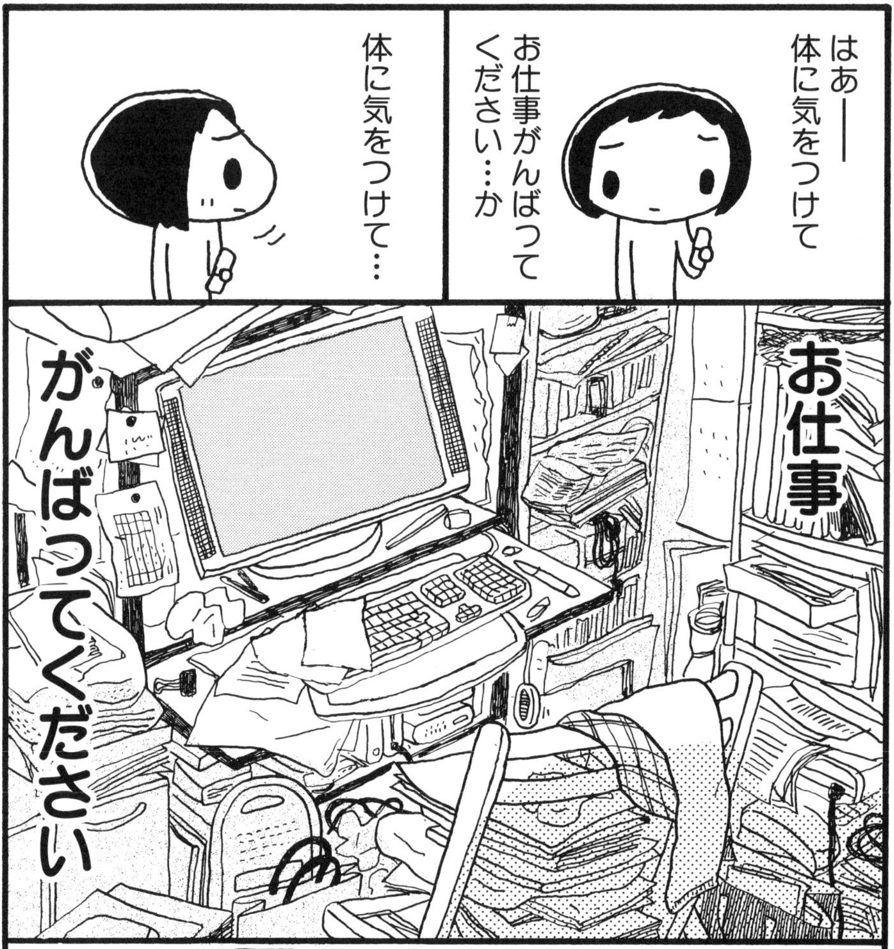
はぁー
体に気をつけて
お仕事がんばってください…か
体に気をつけて…
お仕事
がんばってください
あーーやだやだ
とりあえず表出よ

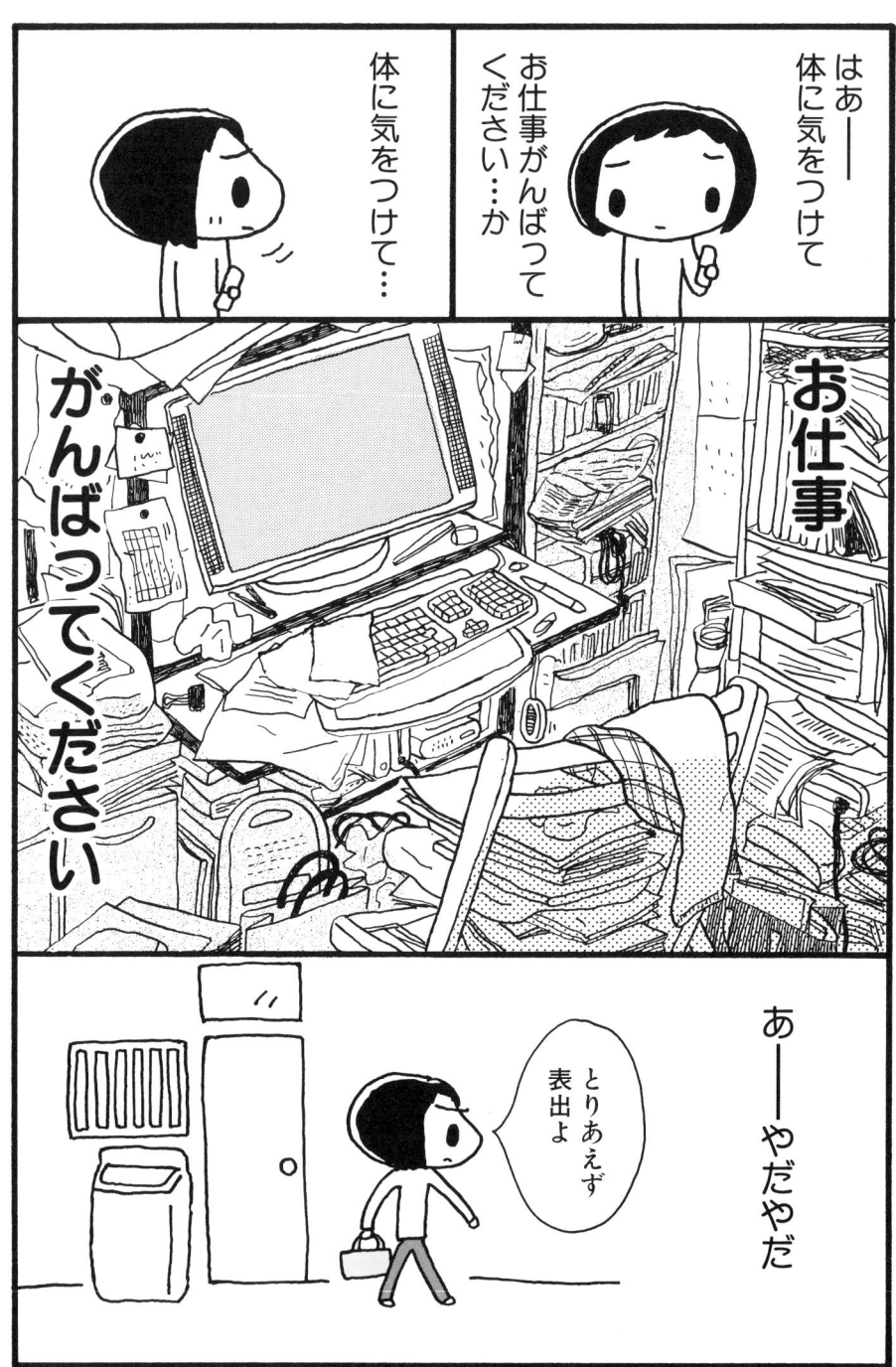

第2話

私、どうして片づけられないの?

どうしてうちって片づかないんだろう――
近所のコーヒーショップにて――
物が多いから？
それはあるかも
でも処分してないわけでもないんだけどな……
3年前――
こっこれは…
私のために書かれた本!!!
「捨てる!」技術
一気に読んで
むむむむむ
「捨てる!」技術
「捨てる!」技術

捨てまくりたおした
霊験あらたか
――はずだった
しばらくしたらもとどおり
なんで？？？
収納スペースはわりとある
まる1畳分床から天井までの押入れと
台所にはつくりつけの棚もあるし
その他にお店で買った棚もある

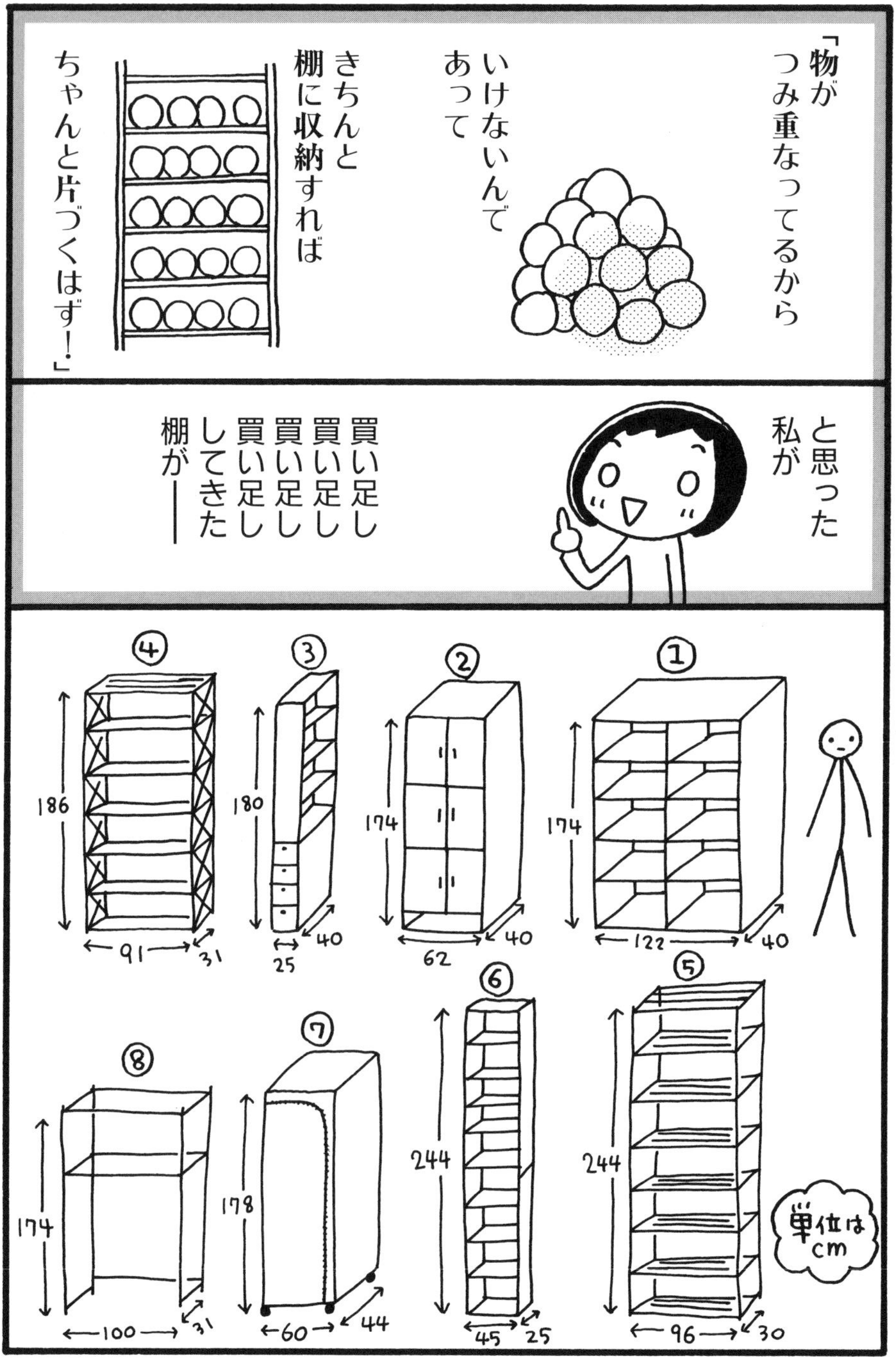

「物が
つみ重なってるから
いけないんで
あって
きちんと
棚に収納すれば
ちゃんと片づくはず！」
と思った
私が
買い足し
買い足し
買い足し
してきた
棚が――
①
174
122
40
②
174
62
40
③
180
25
40
④
186
91
31
⑤
244
96
30
⑥
244
45
25
⑦
178
60
44
⑧
174
100
31
単位は
cm

⑨
110
28
34
⑩
58
26
45
⑪
45
26
45
⑫
110
33
18
⑬
110
33
18
そして ある時ふと
「こんなに
棚があるのに
片づかないのは
なぜ？
それはきっと
棚の大きさや形が
バラバラだから！」
と思って
ネットショップで…
⑭
59
75
24
⑮
⑯
⑰
⑱
⑲
そんなある日
背の高い棚のそばで
寝ることが
恐くてたまらなくなって

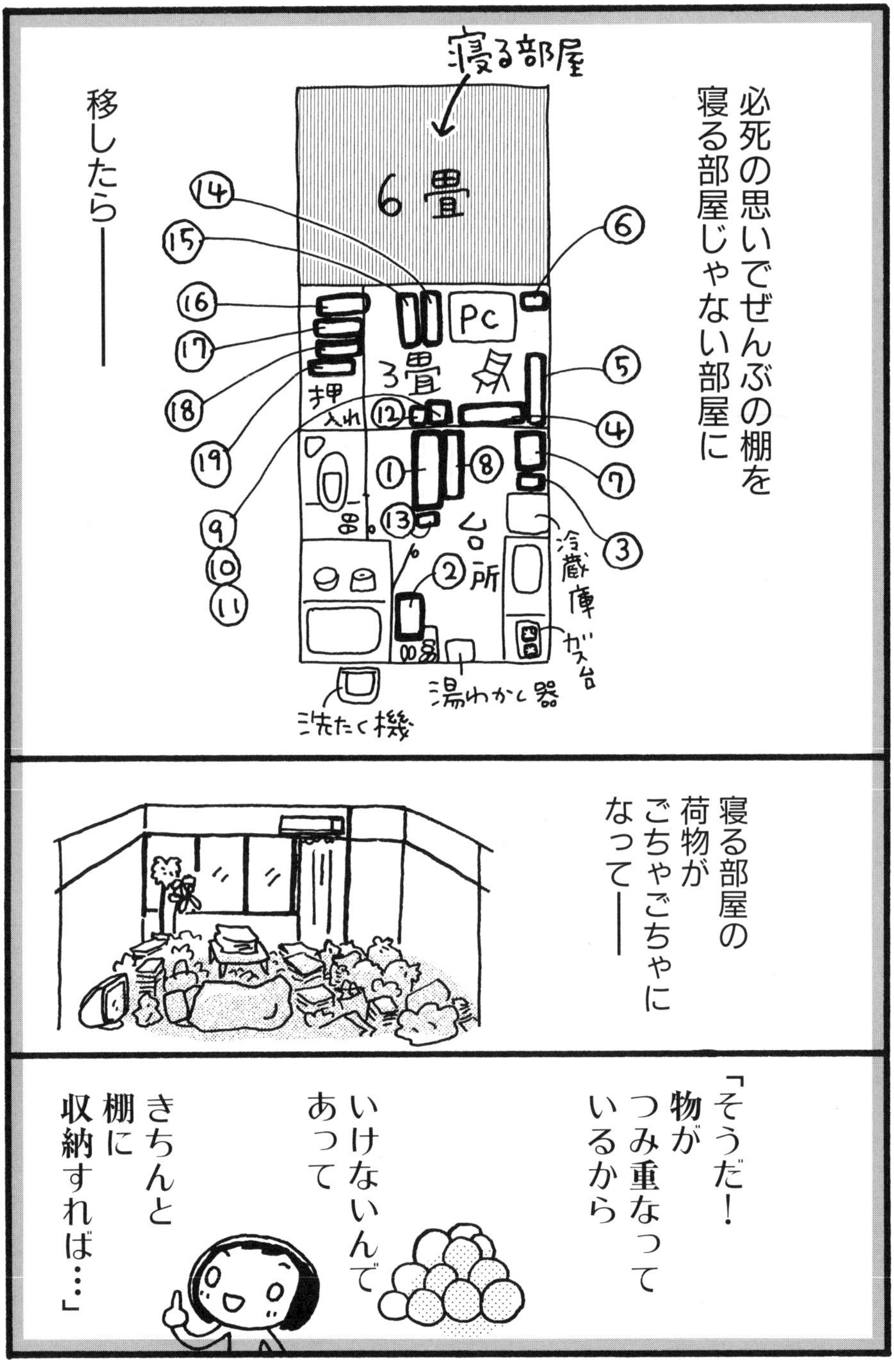
必死の思いでぜんぶの棚を
寝る部屋じゃない部屋に
寝る部屋
6畳
PC
3畳
押入れ
台所
冷蔵庫
ガス台
湯わかし器
洗たく機
移したら――
寝る部屋の
荷物が
ごちゃごちゃに
なって――
「そうだ！
物が
つみ重なって
いるから
いけないんで
あって
きちんと
棚に
収納すれば…」

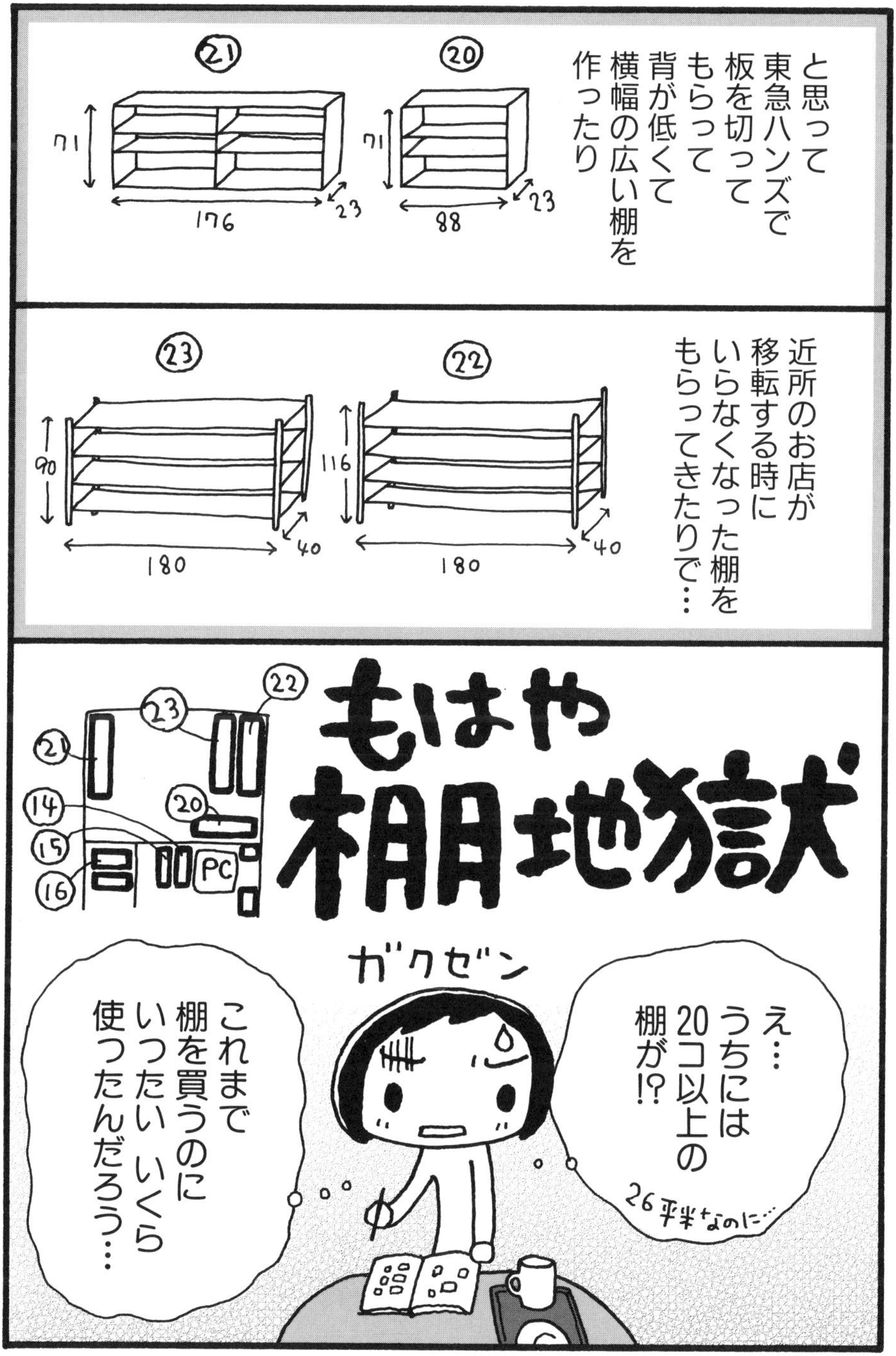
と思って
東急ハンズで
板を切って
もらって
背が低くて
横幅の広い棚を
作ったり
20
71
88
23
21
71
176
23
近所のお店が
移転する時に
いらなくなった棚を
もらってきたりで…
22
116
180
40
23
90
180
40
もはや
棚地獄
22
23
21
20
14
15
16
PC
ガクゼン
え…
うちには
20コ以上の
棚が!?
26平米なのに…
これまで
棚を買うのに
いったい いくら
使ったんだろう…

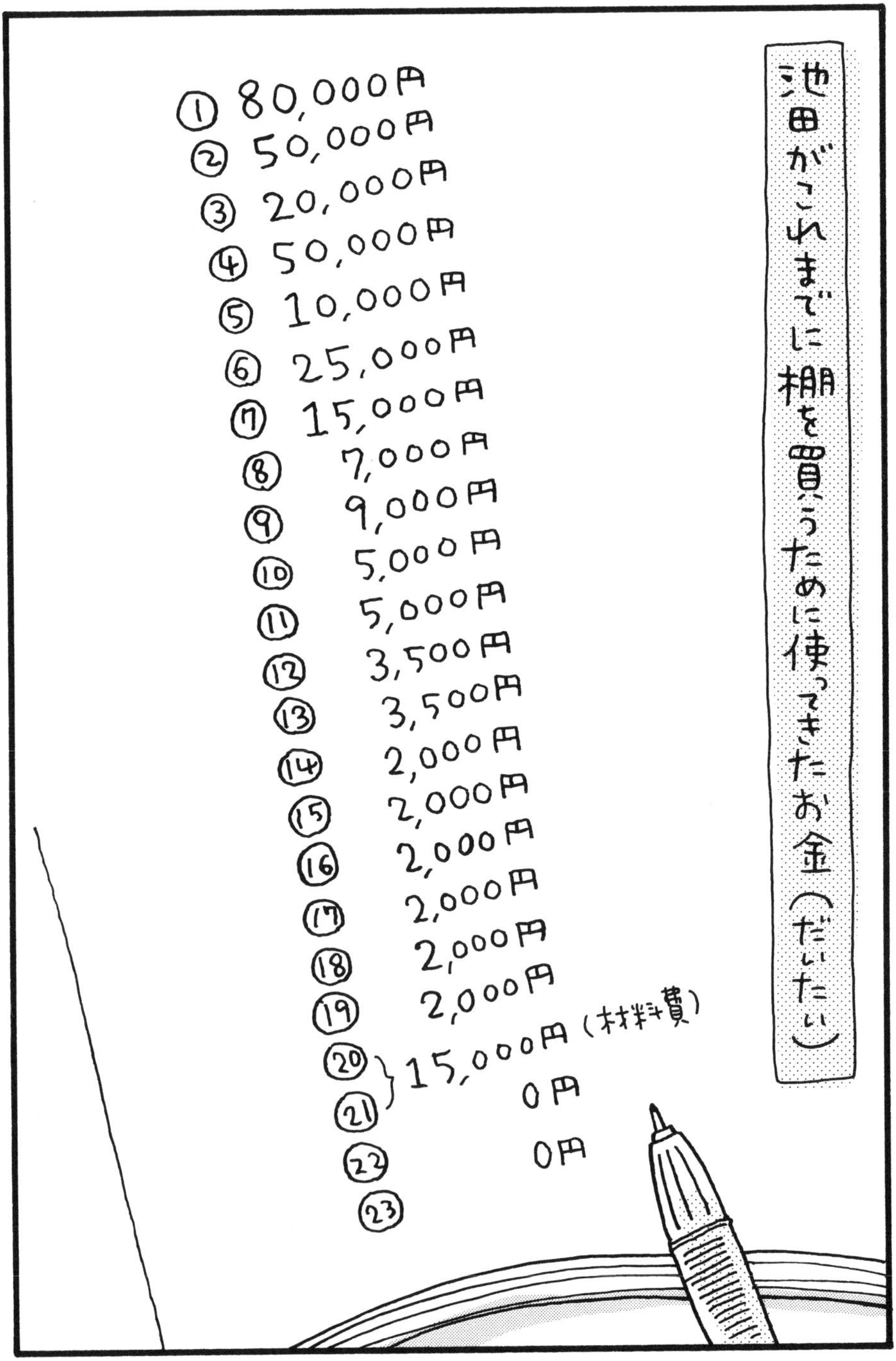
池田がこれまでに棚を買うために使ってきたお金（だいたい）
① 80,000円
② 50,000円
③ 20,000円
④ 50,000円
⑤ 10,000円
⑥ 25,000円
⑦ 15,000円
⑧ 7,000円
⑨ 9,000円
⑩ 5,000円
⑪ 5,000円
⑫ 3,500円
⑬ 3,500円
⑭ 2,000円
⑮ 2,000円
⑯ 2,000円
⑰ 2,000円
⑱ 2,000円
⑲ 2,000円
⑳ ㉑ 15,000円（材料費）
0円
㉒
0円
㉓

足し算するのが恐い…
む〜〜ん
でも 実は買った棚はこれだけじゃなくて……

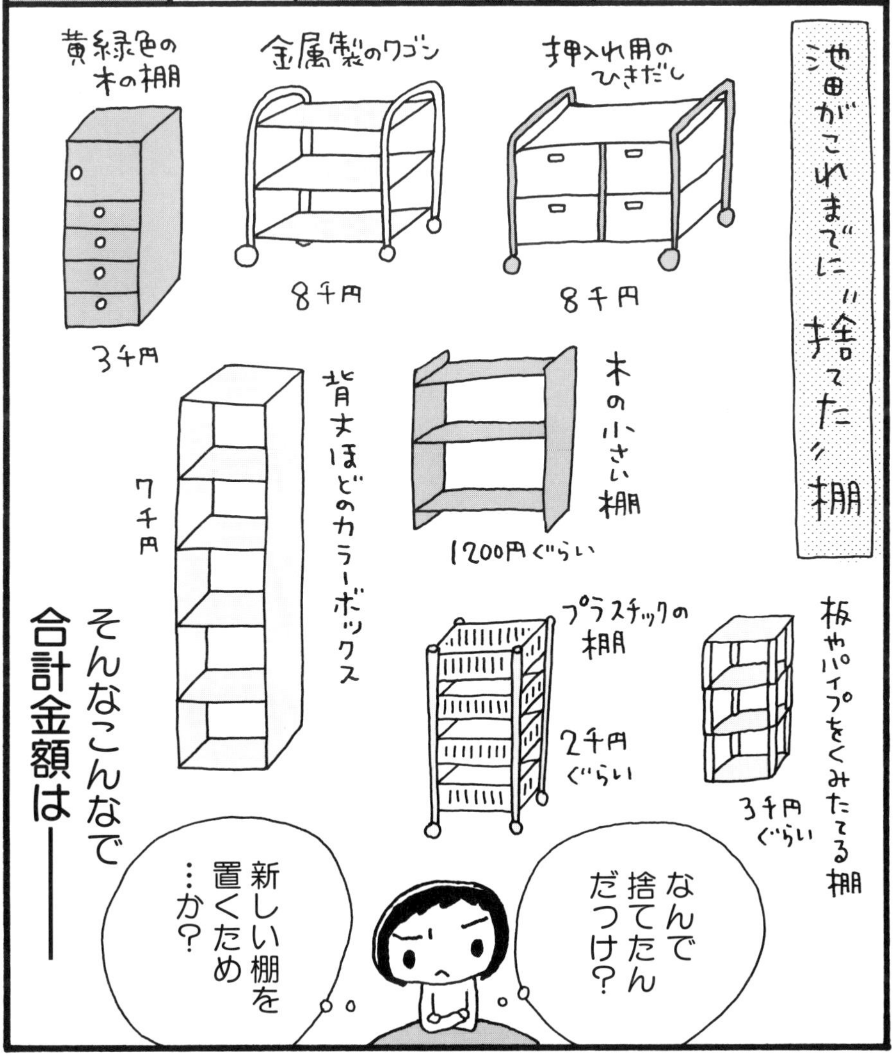
池田がこれまでに〃捨てた〃棚
押入れ用のひきだし
8千円
金属製のワゴン
8千円
黄緑色の木の棚
3千円
木の小さい棚
1200円ぐらい
背丈ほどのカラーボックス
7千円
板やパイプをくみたてる棚
3千円ぐらい
プラスチックの棚
2千円ぐらい
そんなこんなで合計金額は——
なんで捨てたんだっけ?
新しい棚を置くため…か?

チーン
34万 2200円也
ええええええー!?
め……
めちゃめちゃ
金かかってる
じゃん………
棚だけで……

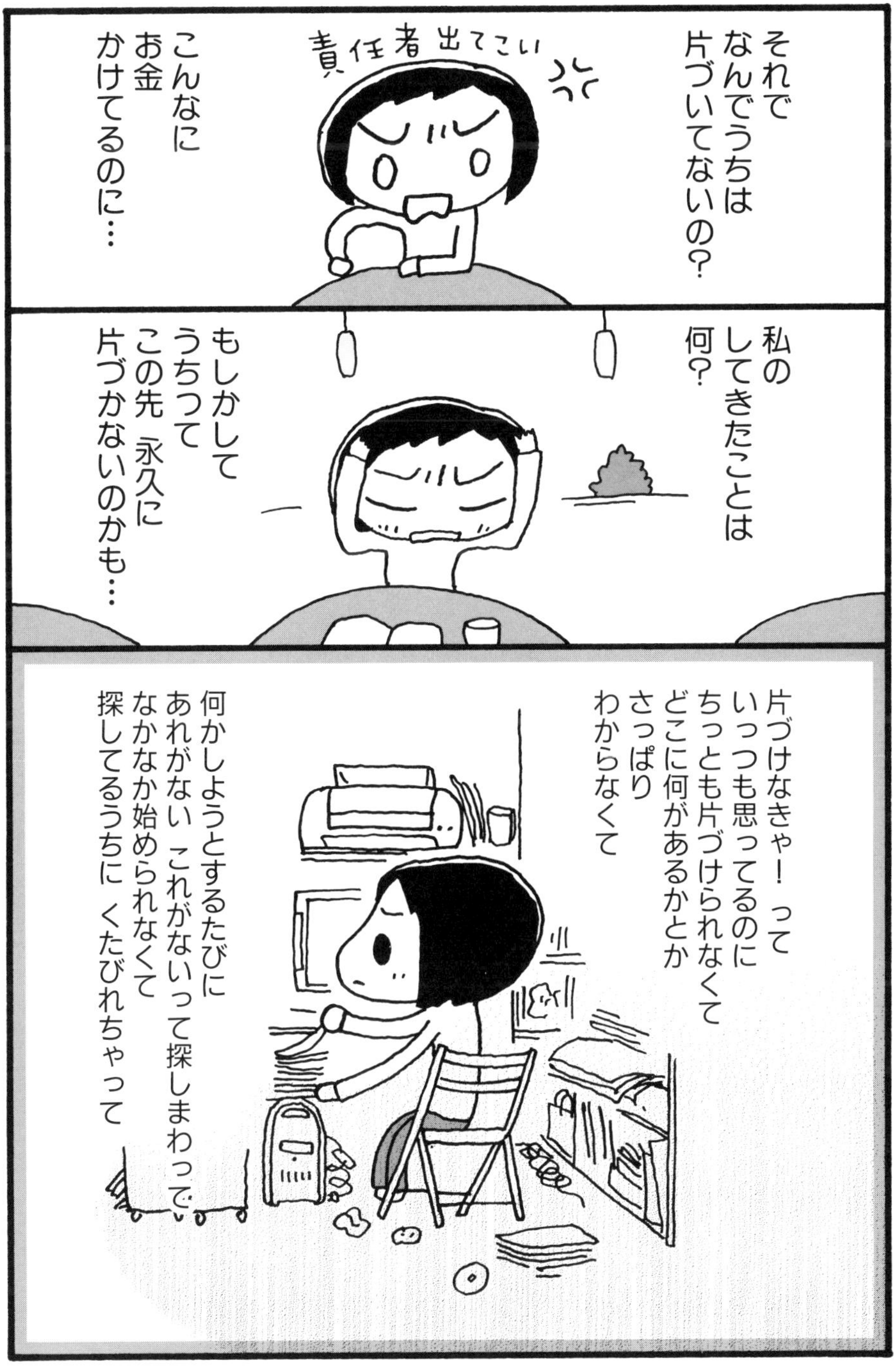
それで
なんでうちは
片づいてないの?
責任者出てこい
こんなに
お金
かけてるのに…
私の
してきたことは
何?
もしかして
うちって
この先 永久に
片づかないのかも…
片づけなきゃ! って
いっつも思ってるのに
ちっとも片づけられなくて
どこに何があるかとか
さっぱり
わからなくて
何かしようとするたびに
あれがない これがないって探しまわって
なかなか始められなくて
探してるうちに くたびれちゃって

あれ？何をしようとしてたんだっけ
とにかくくたびれたからちょっと休もう
なんてぼーっとしてるうちに
時間がどんどん過ぎていって
じーー
げ！なんでもう夕方なの？
とっぷり
今日私何かしたっけ？
毎日こんなことのくり返し
これじゃまるつきり

駄目人間!
だよね…
——しかも
せっかく仲良くなりかけてた彼にも
これからも体に気をつけてお仕事がんばってください
あいそわらい
フラれちゃったっぽいし——
お仕事か——
あんまりがんばれてないよな私
せめて仕事ぐらいはがんばらないとな…
お仕事がんばるには——やっぱり まず

机とイス!
机とイスでしょう!
ぐっ
キレイに片づいた机とイスがあれば きっと——
お仕事スイスイ♡
よ——し そうと決まったら一刻も早くうちに帰って——
COFFEE
机とイスだっ!
お仕事がんばっちゃうぞ!

第3話

「基地」作りから片づけスタート！

〝お仕事がんばるには
まず机とイス!〟
そう心に決めた私は
勇《いさ》んでうちに
帰ってきた――
見えた
見えたぞ
机とイスだ!
ガチャ
ガチャ
うちの玄関は狭い
ただいまっ
それは――
この棚が
床からはみ出しているから
あと――
空き缶でささえている
クツは
クツの上に脱ぐ

うちの洋服かけは台所にある
洋服かけ
洋服かけ
棚
冷蔵庫
流し台
なんでそうなったのかは
忘れた
たぶん棚の都合だ
それと 台所から奥へは
大きなモニタをまたがないと入れない
どうしてこんなところに
モニタがあるかというと
使っていたモニタに
寿命が来て
新しいのに
買い替えたから
古い方はリサイクルに
出すために玄関の方へ
移動しようと
したんだけど

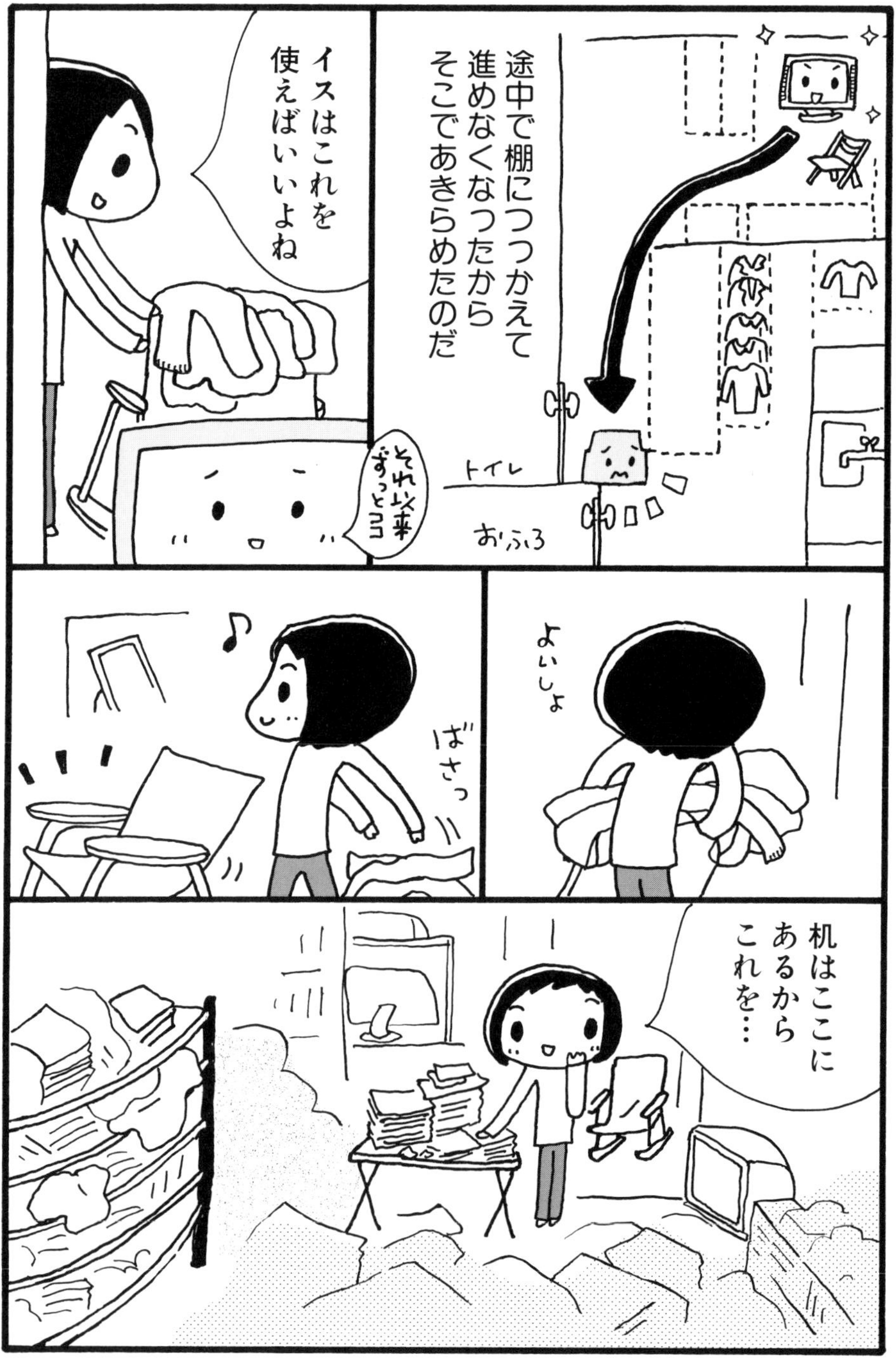
途中で棚につつかえて
進めなくなつたから
そこであきらめたのだ
トイレ
おふろ
イスはこれを
使えばいいよね
それ以来
ずっとココ
よいしょ
ばさっ
机はここに
あるから
これを…

あのへんに
置けばいいよね
低いテーブルは畳んで
押入れに入れちゃって
テーブル
え？ 何か変？
これ？
びよ——ん
気になる…？
この棚は 前に近所の洋服屋さんで
使わなくなったものを——
大きな机として
使えるんじゃ
ないかと思って
さしあげます
もらってきたんだけど
思ったより
やわらかかったから
机にするのは
あきらめたんです
がっかり
だめだ…
びょーん
びょーん

だから
こんどこそ！
つ〜〜くえと
いっす——♪
つ〜〜くえと
いっす——♪
キレイに〜
片づいた〜〜〜
人間ブルドーザー
つ〜〜くえと
いすが〜〜〜♪
机とイス設置予定地
私に〜
幸せを〜〜〜
は〜〜こんでくっる〜♪
ラララン

おおおっと!!!
発見!
銀行の届け印
どこいったのかな?って思ってたんだよねー
さっそくシアクセが♡
再び見失わないように
ここにおいとこう
救出!
机とイス設置予定地

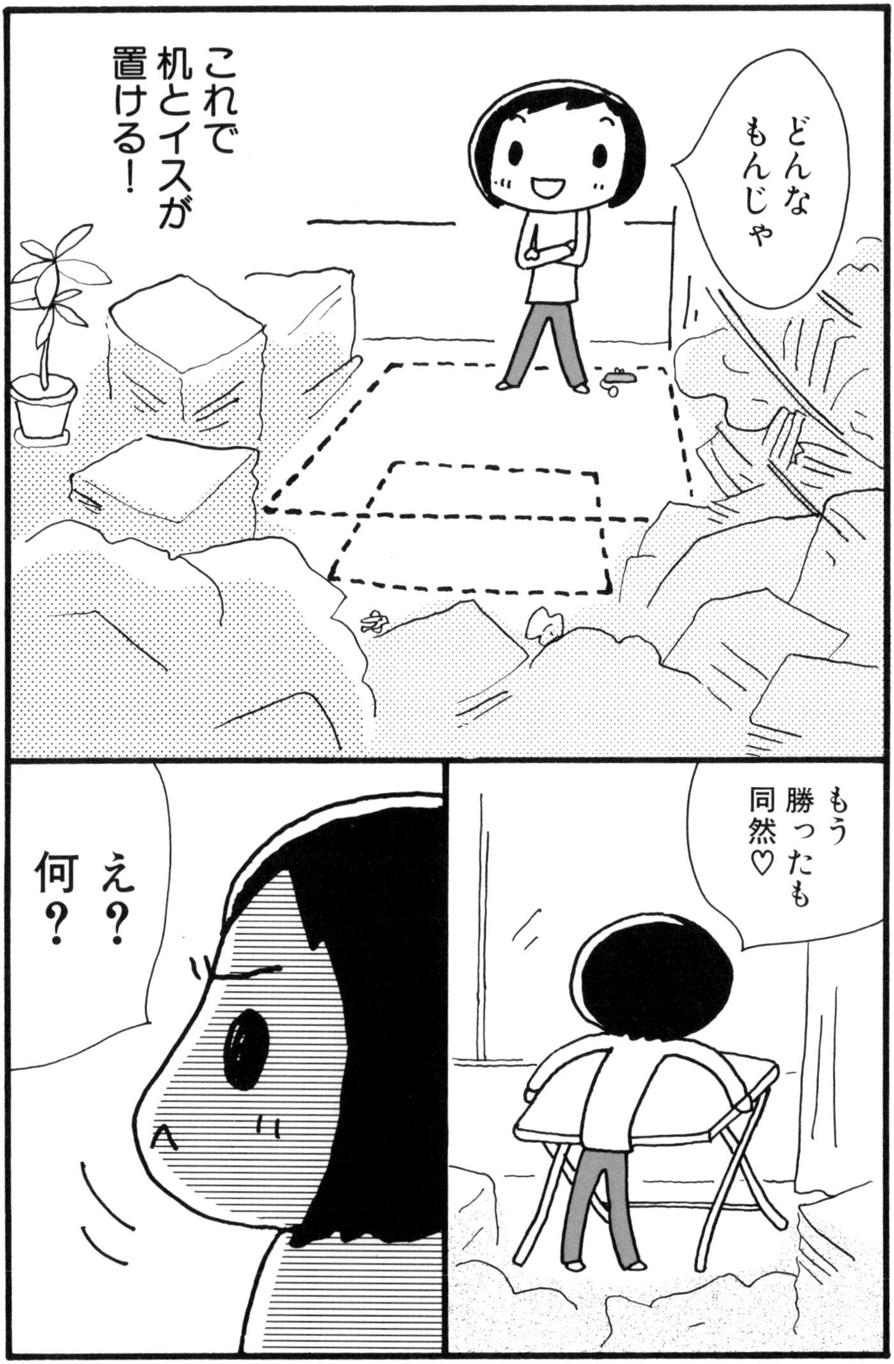
どんなもんじゃ
これで机とイスが置ける!
もう勝ったも同然♡
え? 何?

「まだすごい汚いじゃん」ですって？
アンタバカじゃないの？
そんなもん
あっコラ読者様にむかって
こうすれば見えないじゃん♡
くる
こうして私は——

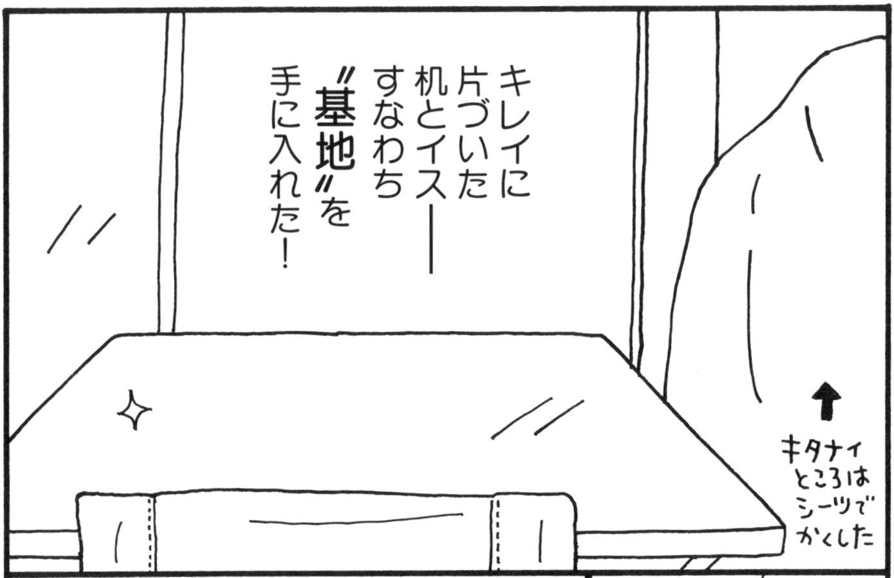
キレイに片づいた机とイス――すなわち〝基地〟を手に入れた！
キタナイところはシーツでかくした

はあ――幸せ♡

コーヒーでもいれよ

Step 1

基地を作る

片づけのスタート地点として
スペースを確保しましょう。

片づいた机が
あるだけで
何でも
できるような気が
してくるなあ…
これで もし
部屋全体が
スッキリきれいに
片づいてたら
めちゃめちゃ
がんばれちゃうん
じゃない？
よし！
この機会にこの部屋を
仕事もプライベートも
大充実の
やる気みちみち空間に
大改造するぞ!!!
まずは
物を
減らさなければ！
大きいゴミ袋
買ってこよっ！

第4話

まず、物を減らさなければ……

部屋を片づけるには
まず
物を減らさなければ
3つに2つは
捨てるぞっ!
ポイ
私は
さっそく物を
捨てはじめた
スーパーの
チラシとか
とっくに終わってる
セールの案内とか
millennium
SALE
お菓子の
空き箱とか
飲み終わった
ペットボトルとか
旅行会社の
パンフレットとか
何この部屋!
捨ててもいいもの
だらけじゃん!
ポイっ
旅先で行ったお寺の
パンフレットとかー
ぴた
あっ あれ?
ええとこれは……

とりあえず とっとこう 記念になるし
とっとくものは ここ…と
情報誌――
(3か月前の)
WALKER
これはもう 捨てていいかな 映画とかも 終わってるし
捨てる雑誌は ここ…と
ファッション誌――
(先月の)
キレイな 写真が 載ってるし まだ読んでない 記事も あるしな……
う～ん
保留
保留のやつは ここ
年賀状――
A HAPPY NEW YEAR!
今年も よろしく!
ええと これは…

アヤさんからのだ！
なつかしーー!!
えっと…
ブリブリ
前の前の前の職場になるのか…
ずっと前のようなこないだのような
ネズミ年ってことは…
ねーうしとらうーうまひつじさるとりいぬいーねー
ぎゃっ
もうすぐひと回り…
作業は順調(?)に進みーー
ふう
燃えるゴミ
燃えないゴミ
しまう服
洗ってしまう服
洗って着る服
とっておく紙
読んでない本
保留の雑誌
捨てる雑誌
読んだ本

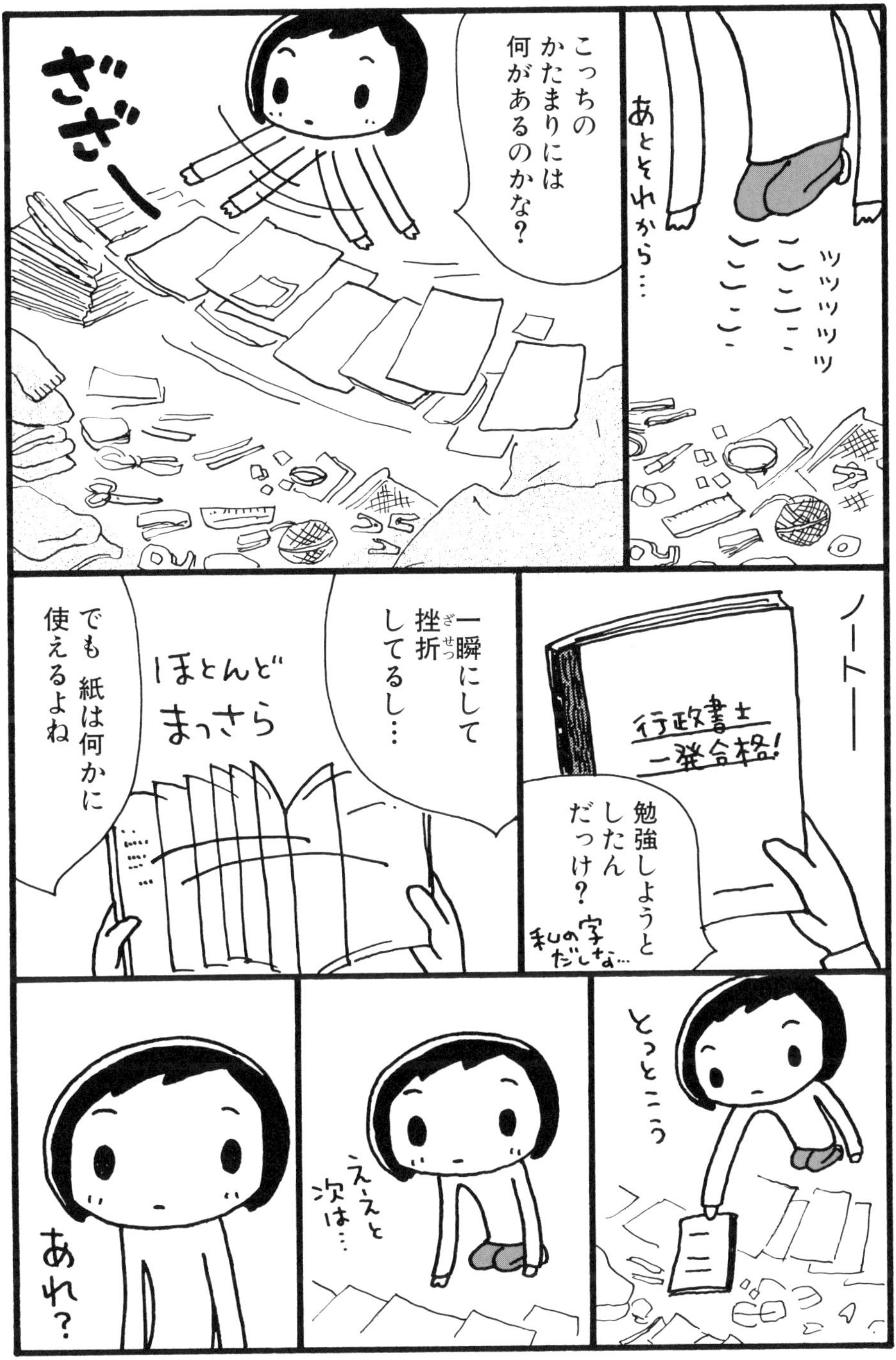
あとそれから…
ツツツツツ
こっちの
かたまりには
何があるのかな?
ざざー
ノートー
行政書士
一発合格!
勉強しようと
したん
だっけ?
私の字
だしな…
一瞬にして
挫折《ざせつ》
してるし…
ほとんど
まっさら
でも 紙は何かに
使えるよね
とっとこう
えーえと
次は…
あれ?

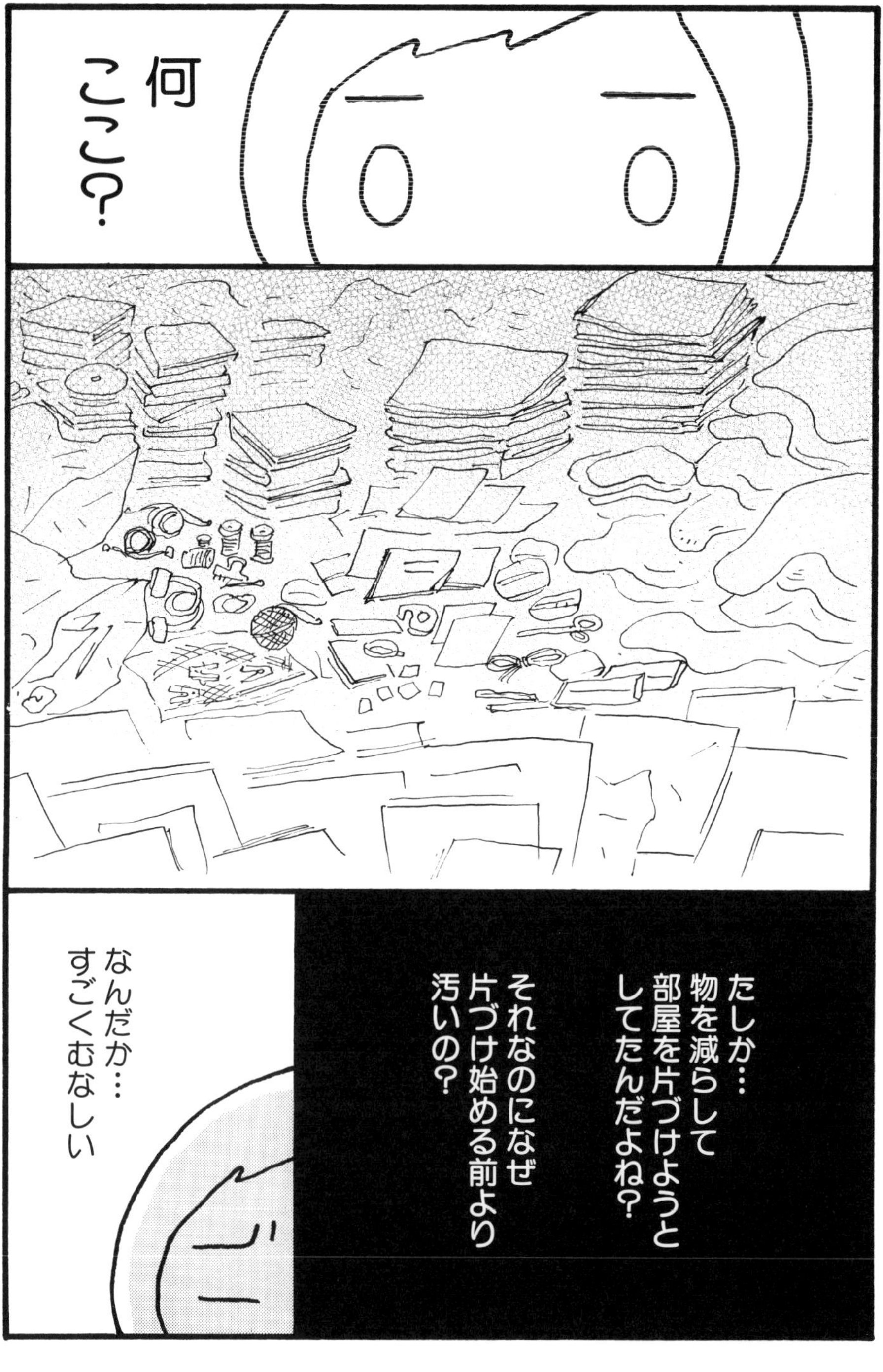
何ここ？
たしか…
物を減らして
部屋を片づけようと
してたんだよね？
それなのになぜ
片づけ始める前より
汚いの？
なんだか…
すごくむなしい

急に体の力が
抜けて
もう
1ミリも
動けない
──
電池
きれちゃった
よ
今日はもう
あきらめて
寝よう……
のろのろ
寝る場所
作らなきゃ……
大きい物は
とりあえず重ねて
こまごました
物は……
とりあえず
この紙袋にでも
みんな
入れちゃって
ガサ
ガサ
部屋のすみっこへ──

もうひとつ袋が…
なんだっけ…
ああ… 他にも…
同じような袋がいくつもいくつも…
……
はあ〜〜〜〜〜〜〜〜〜〜

もーーだめ
歯みがいてねよ
フラーー
？
カサッ
あ！
あいつだ！
で
でかいーー
そして
のろい……
のったりのったり
えっと
あった！
わしっ
24
24

殺生はよくないと思いますけど
ここは私のナワバリ!!!
堂々とするんじゃねえ!
やっつける派
どこいった?
ああっ

隠れ放題!
なんてこと
くっそー

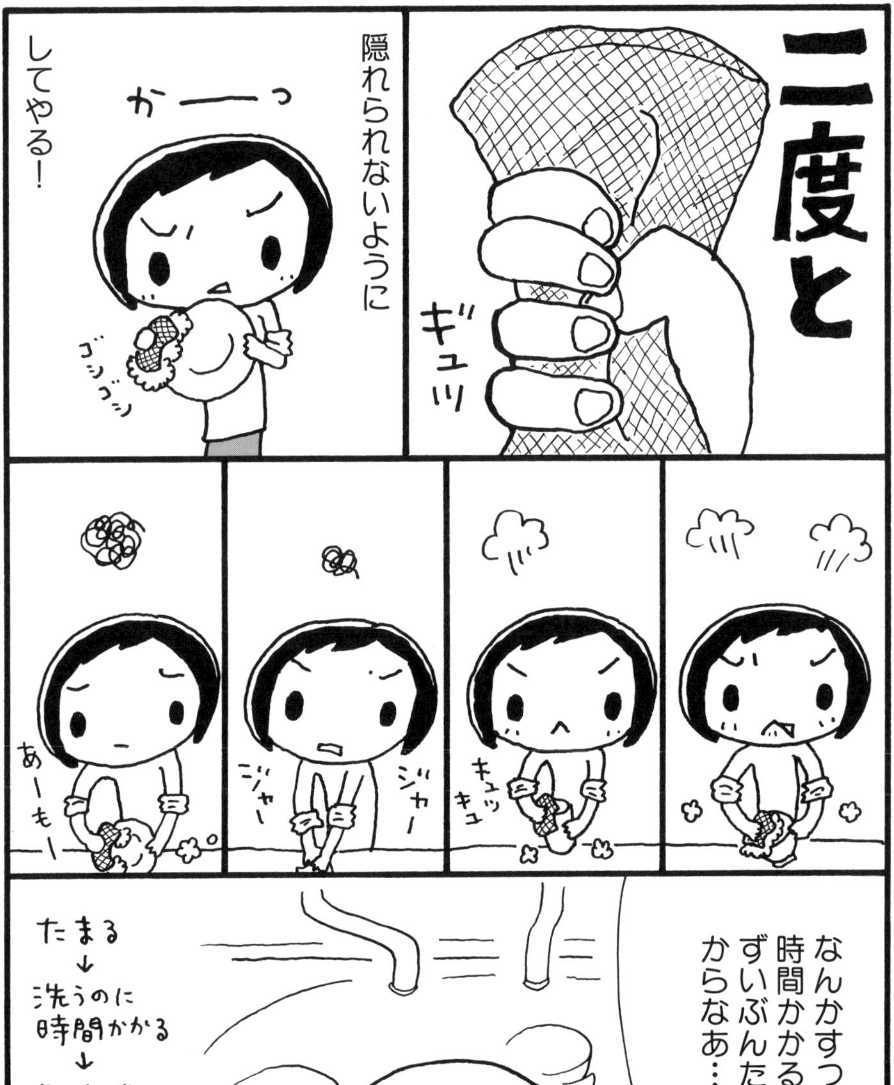

二度と
ギュッ
隠れられないように
してやる!
か――っ
ゴシゴシ
キュッ
キュ
ジャー
ジャー
あーもー
なんかすっごい
時間かかるなあ…
ずいぶんためてた
からなあ……
たまる
↓
洗うのに
時間かかる
↓
やりたくない
↓
もっとたまる
↓
もっと時間
かかる
↓
ますますやりたく
ない
⋮
はあ――

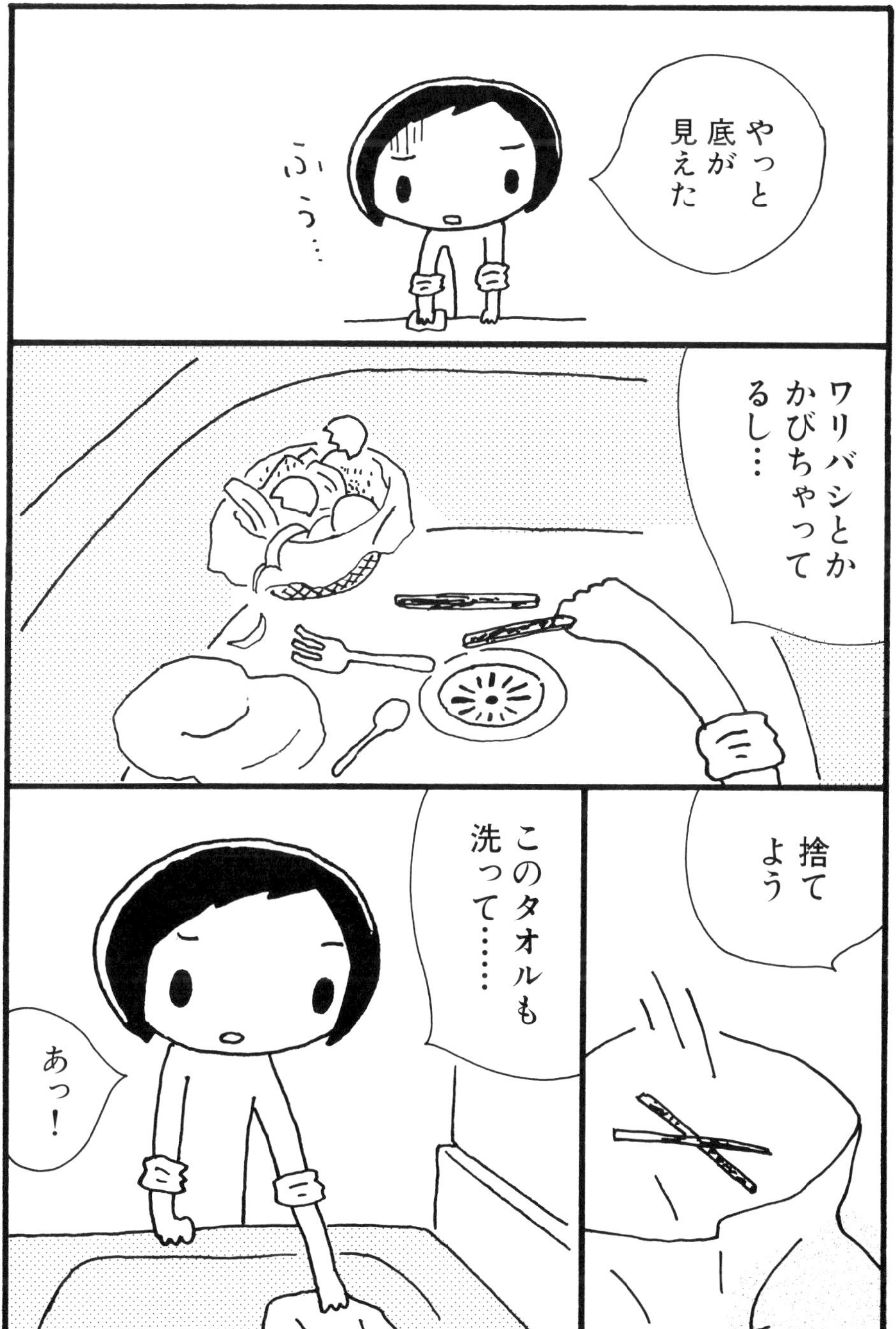
やっと底が見えた
ふう…
ワリバシとかかびちゃってるし…
捨てよう
このタオルも洗って……
あっ！

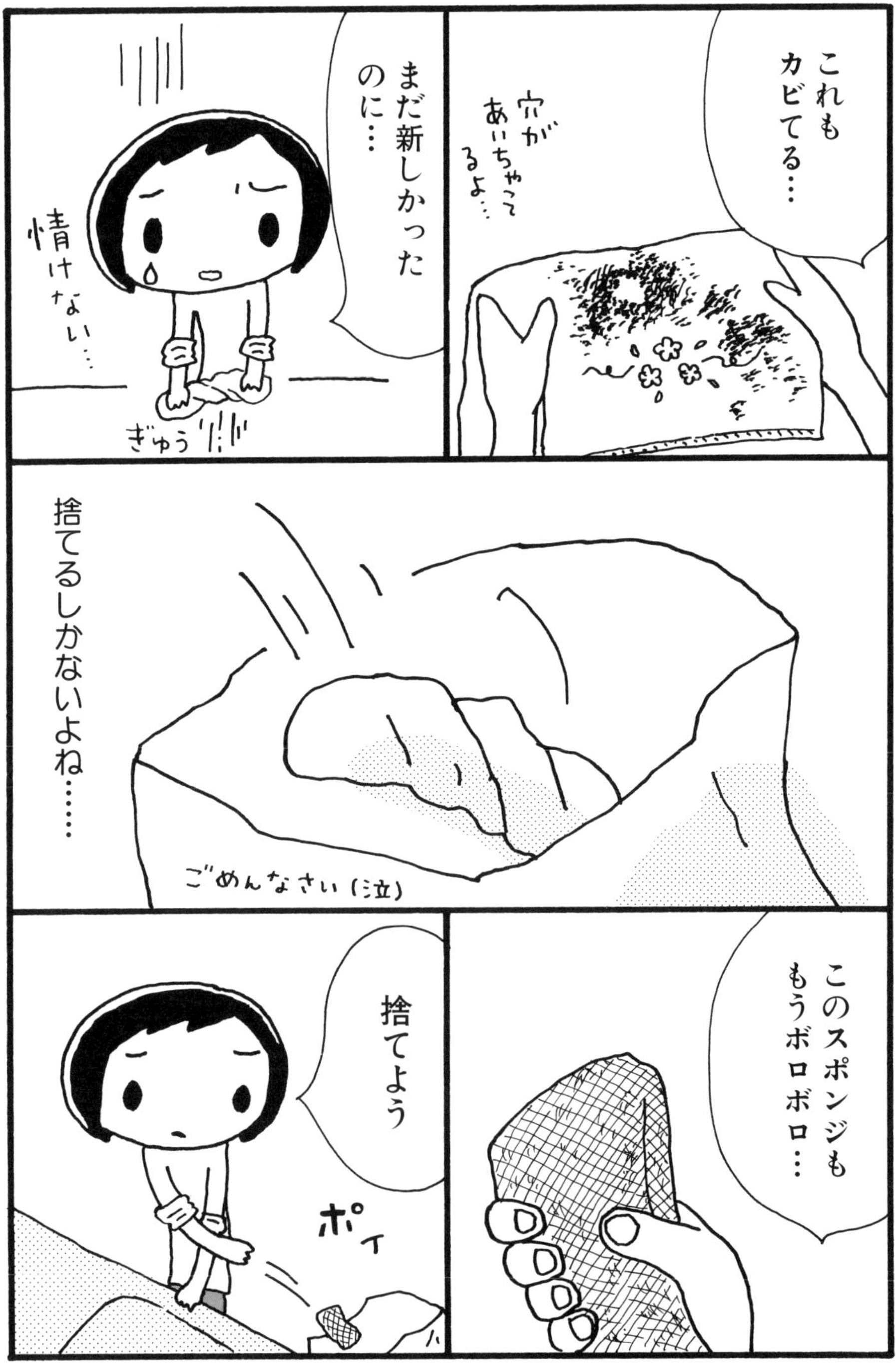
これもカビてる…
穴があいちゃってるよ…
まだ新しかったのに…
情けない…
ぎゅう
捨てるしかないよね……
ごめんなさい（泣）
このスポンジももうボロボロ…
捨てよう
ポイ

新しいのがまだ
この引き出しに
あるはず
ここも
ぐっちゃぐちゃ
だな…
こんなにたくさんの
ワリバシとか……
プリンやアイスの
おさじとか……
いつのかわからない
ケチャップとか
ソースとか
とっといても
しょうがない
じゃん
ポイ
ポイ
ポイ
燃える
燃えない
―あれ？
もしかして
台所って――

捨てちゃって
いいのかどうか
迷う物が
少ない！

あぁ――
あの時のスポンジ…
なぜ捨ててしまったん
だろう……

なんて思わないもんな
絶対！
できそうな気が
してきた！

Step2

台所を攻める

頭を使わずにできる
エリアから始めて、
片づけのコツをつかみましょう。

第5話

台所からやっつけよう！

物を捨て始めたものの
あえなく挫折した私は——
台所に活路を
見いだした！
台所
って…
捨てちゃって
いいかどうか
迷う物が少ない！
よし！
ガンガン
減らすぞ！
戸棚の中の
むむ
いつのかわからない
油とか——
この油で
揚げ物を
するつもり
だったのかな
…？
捨てよう

冷蔵庫の上にある
こまごました物とかー
こういうの分類してとっとこうと思うから疲れてフリーズしちゃうんだよ
捨てるぞ!!
何年も中を見ていないカゴの中にもー
カチンコチンの粉末ダシとかスパイスとかラーメンの調味オイルとか…
捨てられる物がいくらでもあるなあ…
調味オイル
入れ忘れた
冷蔵庫にもー
捨てる物がいっぱいありそうだな…
なんで冷蔵庫なのにニオうんだよ
冷凍庫の方はどうかな?

ばんっ
うわ
霜!
こんなに育ってたのか…
ガッガッガッガッガッガッガッガッガッガッガッ
だめだ
びくともしない…

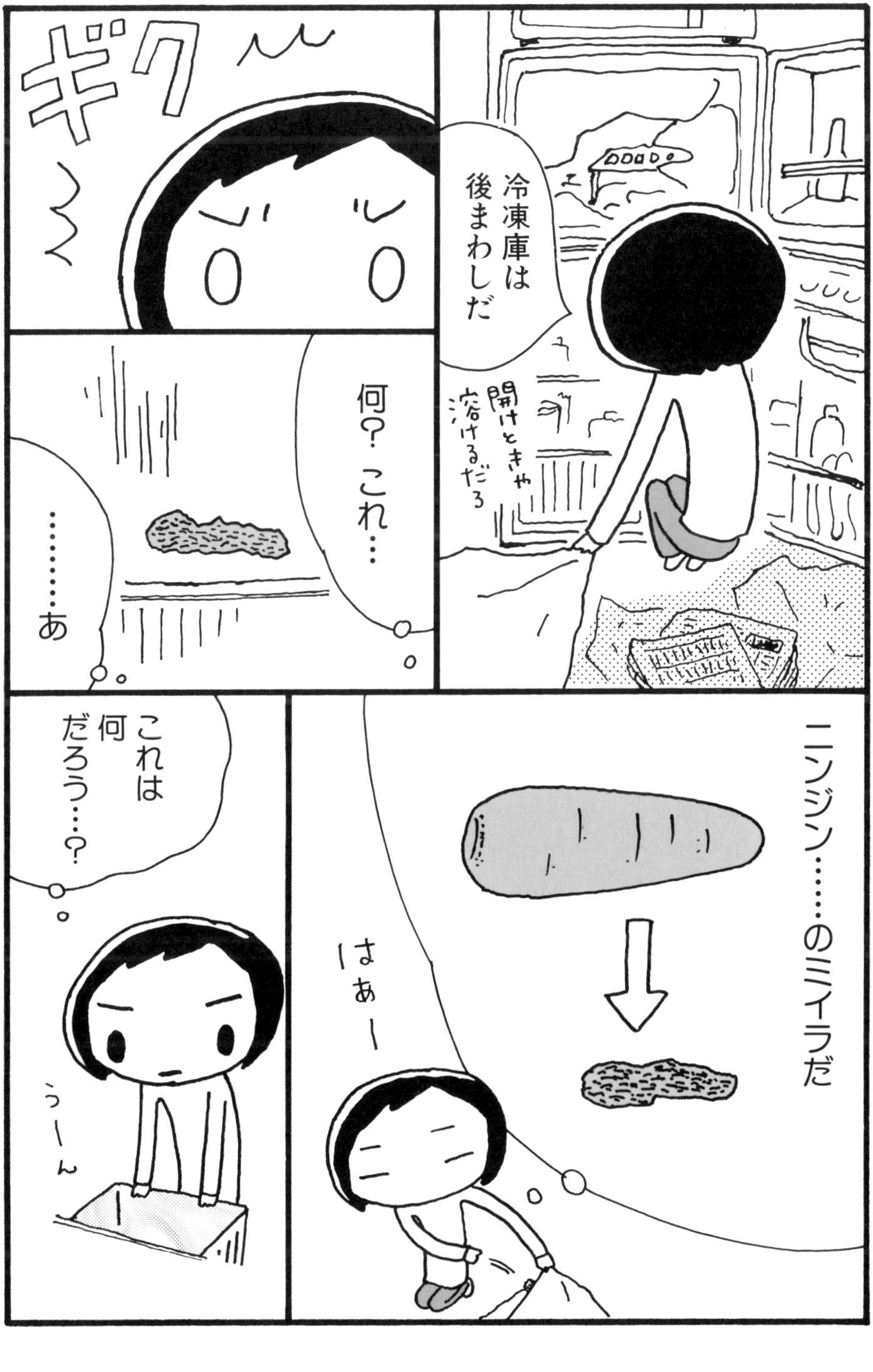
冷凍庫は後まわしだ
開けときゃ溶けるだろ
ギクん
何？これ…
……あ
ニンジン……のミイラだ
はぁー
これは何だろう…？
うーん

キュウリ…だった物かな?
チャプ
チャプ
とにかく捨てる物は捨てて棚板や引き出しははずして洗って…
ブツ
ブツ
中も水拭きして…
がんばれ自分
棚板や残った食材をもとに戻して…
閉める!
やっと終わった!
ぼよん
「ぼよん」?「バタン」じゃなくて?
?
あー!くそー!
ムカ
つりるん

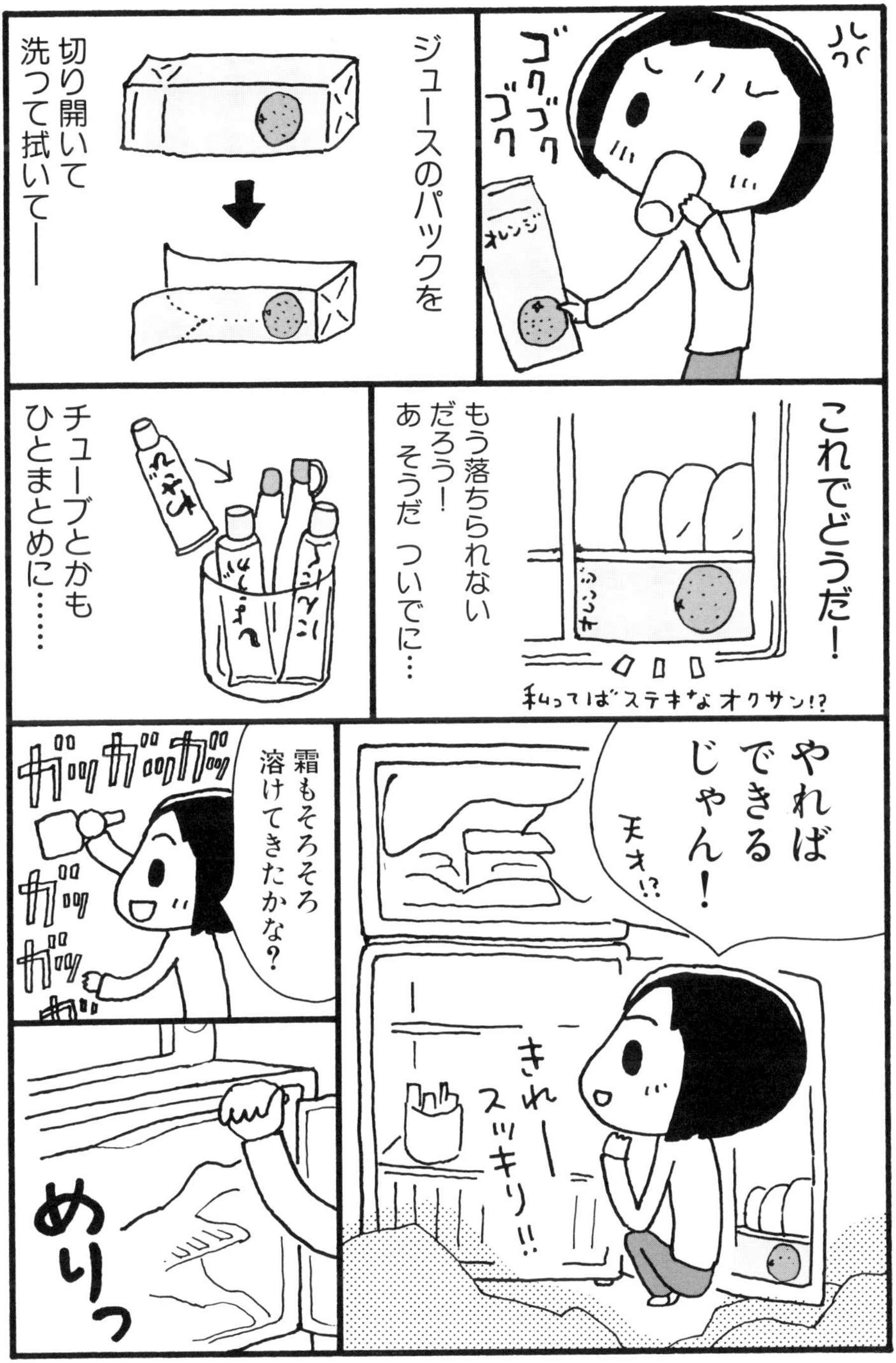
ハッ
ゴクゴクゴク
オレンジ
ジュースのパックを
切り開いて
洗って拭いてー
これでどうだ！
もう落ちられない
だろう！
あ そうだ ついでに…
私ってばステキなオクサン!?
チューブとかも
ひとまとめに……
ガッガッガッ
ガッ
ガッ
霜もそろそろ
溶けてきたかな？
めりっ
やれば
できる
じゃん！
天才!?
きれー
スッキリ!!

がこっ
氷の塊《かたまり》が――
外れた……！
何だろう この達成感は……
めちゃめちゃ気持ちいいんですけど…
うるうる
流しに入れた
よーし
残りの氷をとっていらない物を捨てて中を拭いて――

祝！冷凍庫復活！
これでまた10本入りのアイスが買えるし
お肉が安い時に多めに買うこともできる！
じーん
広告の品
でこっちの引き出しには何が入ってるんだろう
ラビオリ？
またこじゃれたモン買って余らしてるし……
2002.12.08
賞味期限とっくに切れてるし……
ちょっと無理っぽいニオイがしてるなあ…
くんくん
そんなこんなで——

池田に捨てられた物リスト（台所）

食べかけの
カチカチの
アイス

古くなって
殻が薄〜く
つるっつるに
なった卵

キュウリ？
だったもの

ニンジン
のミイラ

ジャム？

白いふわふわ入り

少し残すクセがある
→結局ダメにする

冷凍した
鶏もも肉？
2かけ
ぐらい

食べられなくも
ないと思うんだけど
いつのか覚えて
ないし…

牛乳？

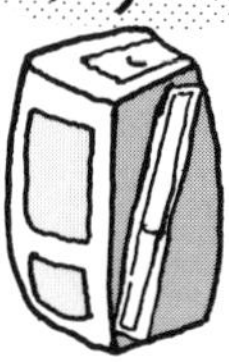

ぱんぱんになって
パックを切ってみたら
がぼがぼっと何か
カタマリが出てきた

チューブ入りの
しょうが

がんばったらもうひと絞り
できそう…って感じのが3本

その他 賞味期限切れで捨てた食材

- そうめん
- うどん
- スパゲティ
- ラビオリ
- マカロニ
- ソースの缶詰
- らっきょ
- いか漬け
- キムチ
- アズキ
- 白玉粉
- 鷹の爪
- もち米
- スキムミルク
- バター
- レトルトの中華丼
- 釜飯のもと
- ドレッシング
- ナツメグ
- ベイリーフ
- 高野豆腐
- 干ししいたけ

などなどなどなど

使ってなかったり余ってたりで捨てた物

- 鍋（古い油入り）
- ティーストレーナー（洋風茶こし）
- 卵の白身と黄身を分ける道具
- 梅酒用の大きいビン2つ
（4つもあったので）
- ケーキとかの保冷剤5コぐらい
- もう持ってない古い電子レンジ用の
鉄板とか金あみ
- はんぱな箸や折れてる箸
- 景品でもらったけど
あまり気に入ってない食器

などなどなどなど

ああ……
食べ物を捨てるなんて——
まだ使える物を
捨てるなんて——
絶対ばちがあたる
おばあちゃんにおこられる
でもいたんだ
物を食べたら
お腹をこわして
しまうし…
それにうちって
いつも片づかなくて
つらくてつらくて
こんどこそ
なんとかしたくてそれで……
許してください
許してください
どうして
こんな
もったいないことを
しちゃうんだろう?
買ったのに
使いきれなかったり
持ってるのに
また買ってきたり——
見えないところに
しまったら
忘れちゃうから
かな?
だけど さっき…!

スポンジはちゃんと取り出してるよな私…
新しいのがまだこの引き出しにあるはず
たしか4コ100円で買ったし
なんで？
スポンジは……
「必ず使う物」だから忘れなかったんだ！
そうか！忘れちゃうのは「使ったり使わなかったりする物」だ！
ベイリーフ
ラビオリ
鷹の爪
じゃあこんどから
真剣
忘れそうな物はしまわないようにしなきゃ！

見えないところにしまってもいいのは
絶対忘れない物だけ!
忘れる
見えないところにしまったら使わなくなる物
■気が向いて買ったけどなければないで困らない食材
もち米
オイスターソースなど
豆類
スパイス類
麻婆丼
レトルト食品
缶詰
高野豆腐など
私の場合よく見るところに置いてどんどん使っていかないと絶対余らせる
■気が向いて買ったけど用事がなくて思い出さない物
→捨てた
ティーストレーナー
白身と黄身を分ける道具など
用事がないってことは自分にとって要らないのに買ってしまったってことだ
忘れない
見えないところにしまっても大丈夫な物
■よく使う基本的な食材
米
しょうゆ
砂糖
塩
コショウ
など
■毎日のように使っている物のスペア
食器洗いスポンジ
食器洗い洗剤
など
■用事があれば思い出して使う物
魚焼き器
レモン絞り器
大根おろし器
ざる
など

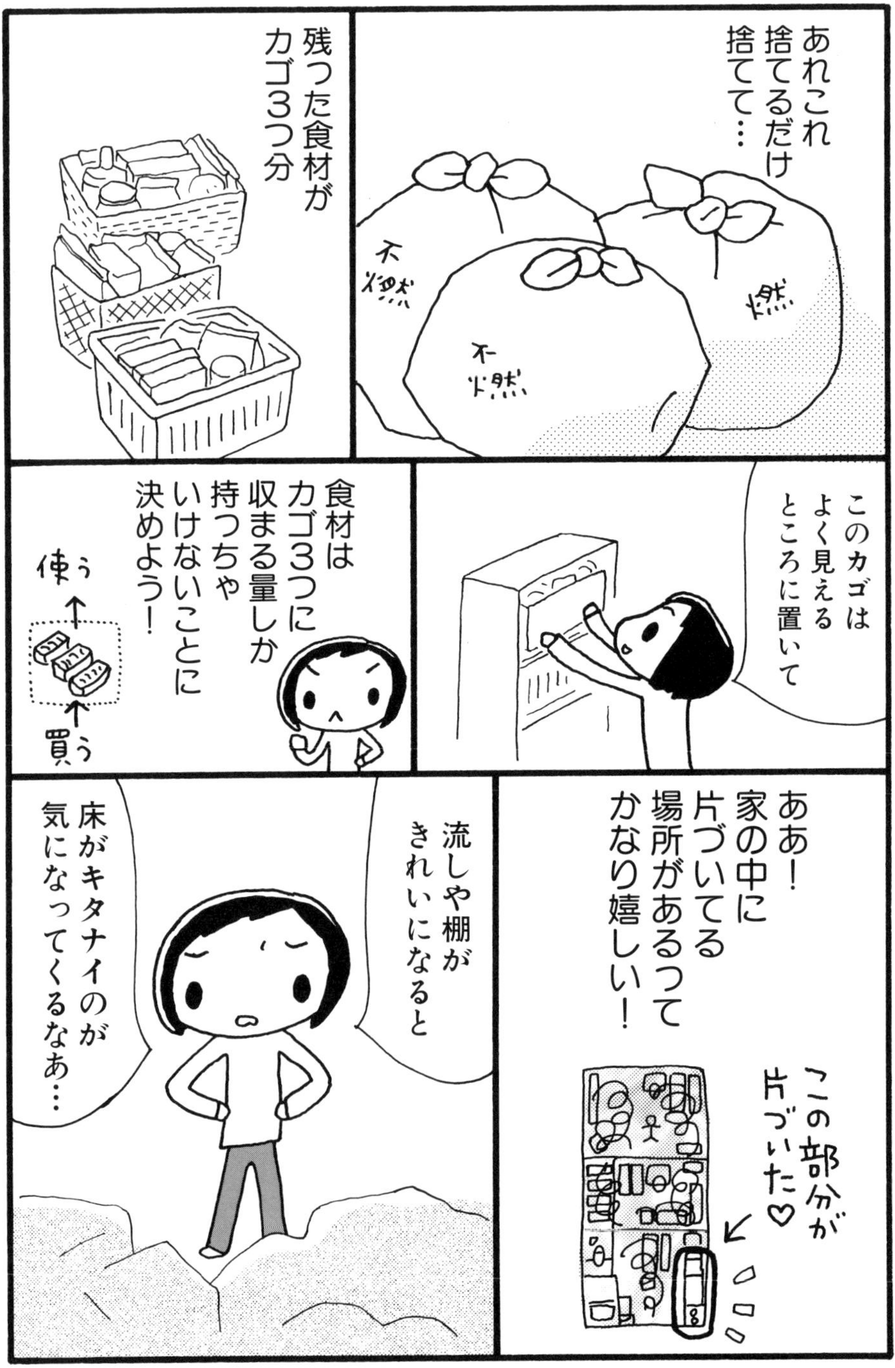
あれこれ
捨てるだけ
捨てて…
不燃
燃
不燃
残った食材が
カゴ3つ分
このカゴは
よく見える
ところに置いて
食材は
カゴ3つに
収まる量しか
持っちゃ
いけないことに
決めよう!
使う
買う
ああ!
家の中に
片づいてる
場所があるって
かなり嬉しい!
この部分が
片づいた♡
流しや棚が
きれいになると
床がキタナイのが
気になってくるなあ…

台所の床もきれいにしてしまおう!
やるぞっ!
ゴミを拾って古新聞もみんなしばって…
ダンボール箱もばらしてまとめて
ちゃっちゃっ
落ちてるタオルとか服を洗濯のカゴに入れて
さっさ
掃除機までかけちゃうよっ
ザーザー
あれっ
あいたた目にゴミが…
あっ!

コンタクトレンズが…
落ちた?
ぼやー
落ちてる…!
ああ――
部屋の中で
コンタクトレンズを落として
見つかったためしが
ないんだよね……
2か月ぐらい前に
買ったばかりなのに!
また買いに行かないと
駄目か……
お金かかるなあ…
1枚が1万2千円ぐらいだっけ?
困る…
困るよう……
5秒間フリーズ
一応探そう
もしかしたら見つかるかもしれないし

あっ……
すぐに
見つかるなんて！
ああ！

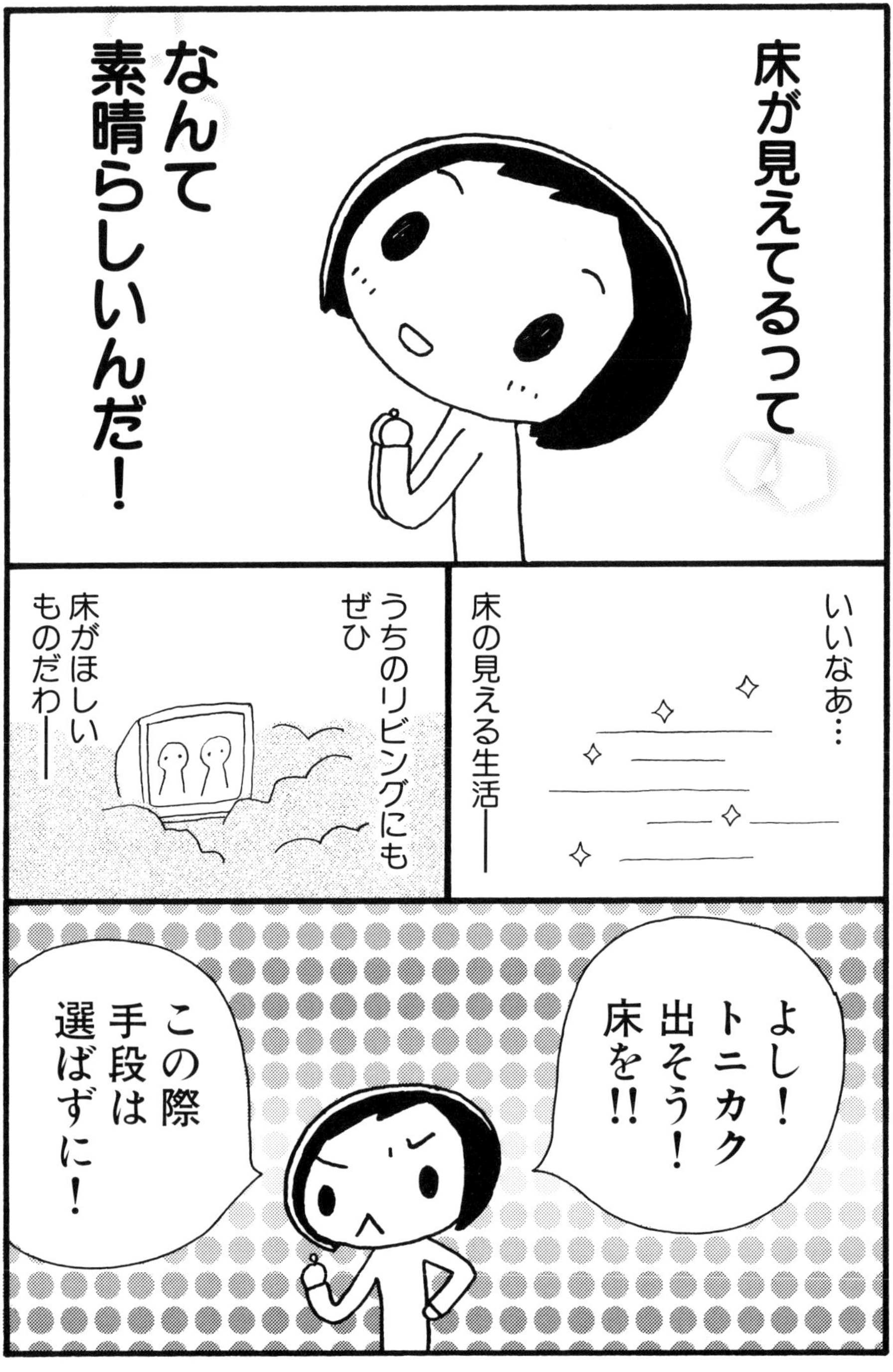

床が見えてるって
なんて素晴らしいんだ！
いいなあ…
床の見える生活──
うちのリビングにもぜひ
床がほしいものだわ──
よし！トニカク出そう！床を!!
この際手段は選ばずに！

第6話

生活必需品を救出しよう！

きれいになった台所の床で
コンタクトレンズを
すぐに見つけられたことに
感動した私は
ぱあぁ
〝他の部屋の床も
トニカク出すぞ－！〟
と決意した
だいたい――
床に散らばってる物
ひとつひとつについて
これって
捨てても
いいのかな？
でも
いつか使うかも
しれないし
一応とっておいた
方がいいかな？
なんて
いちいち
悩んで
捨てられない
から
いつまで
たっても
片づかないん
だよっ！
でっかい袋に放り込みまくり作戦

捨てられないなら今は床を出すためにとりあえず
何から何までゼンブ袋に入れてとっておこう!
捨てずに残しておけばとりあえず安心
←1枚100円
↑いっぱい買ってきた
どさっ
つみあげまくり
あっ
あれは!
デジカメの充電器!
これでまたデジカメが使える!
おっ!
電話の子機も発見!ここに埋まってたのかー♪
せっかく久しぶりに見つけたんだから…

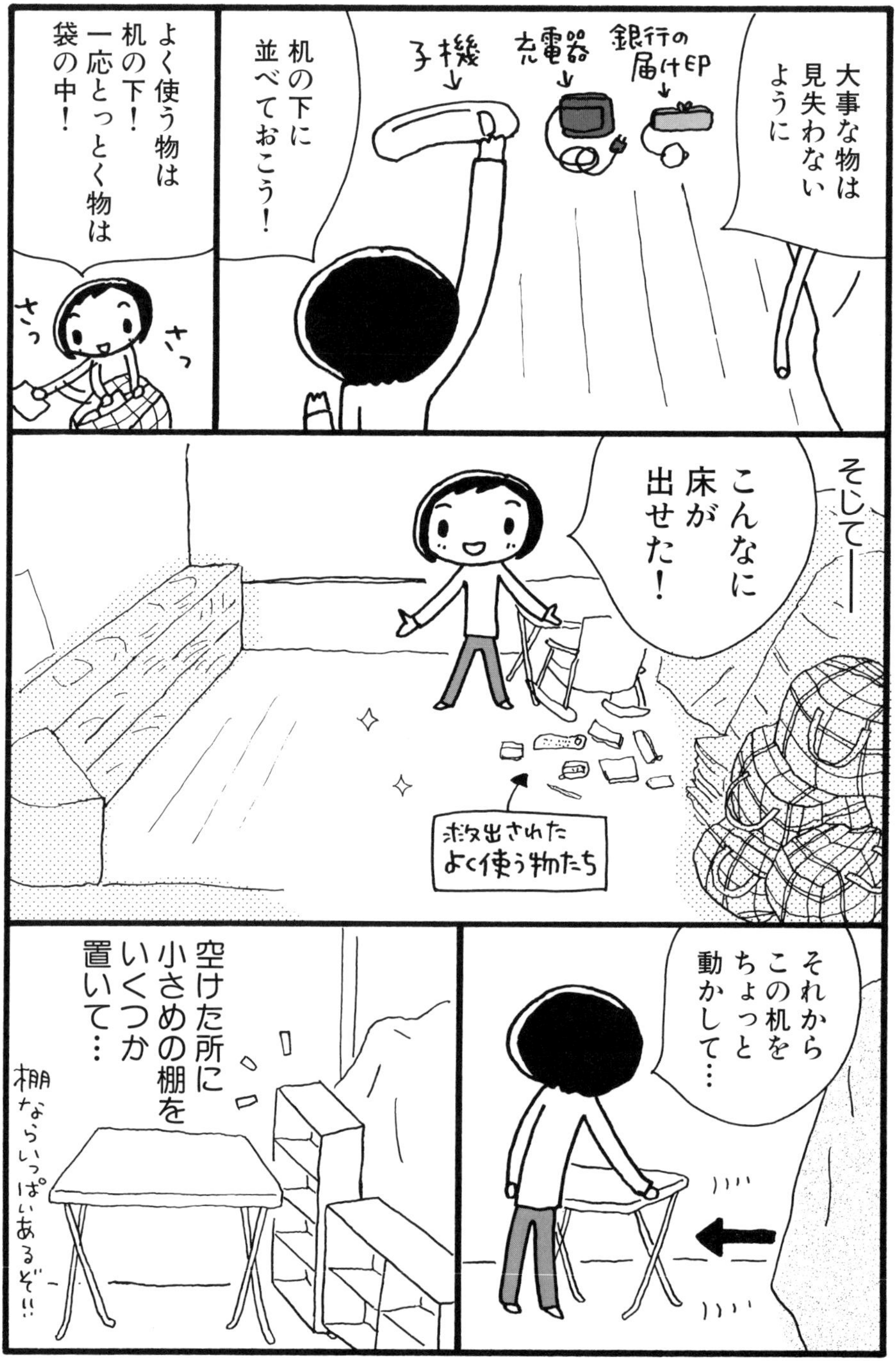
大事な物は見失わないように
銀行の届け印
充電器
子機
机の下に並べておこう！
よく使う物は机の下！一応とっとく物は袋の中！
さっ
さっ
そして——
こんなに床が出せた！
救出されたよく使う物たち
それからこの机をちょっと動かして…
空けた所に小さめの棚をいくつか置いて…
棚ならいっぱいあるぞ!!

毎日使う物や仕事に必要な物を並べて…
これで〝基地〟が便利になった！

使うたびに必ずすぐ戻す！って決めとけば
さっ
もう探し物しなくていいよね♡

Step3

毎日使う物を基地に集める

物を探してばかりの生活から
解放されます。

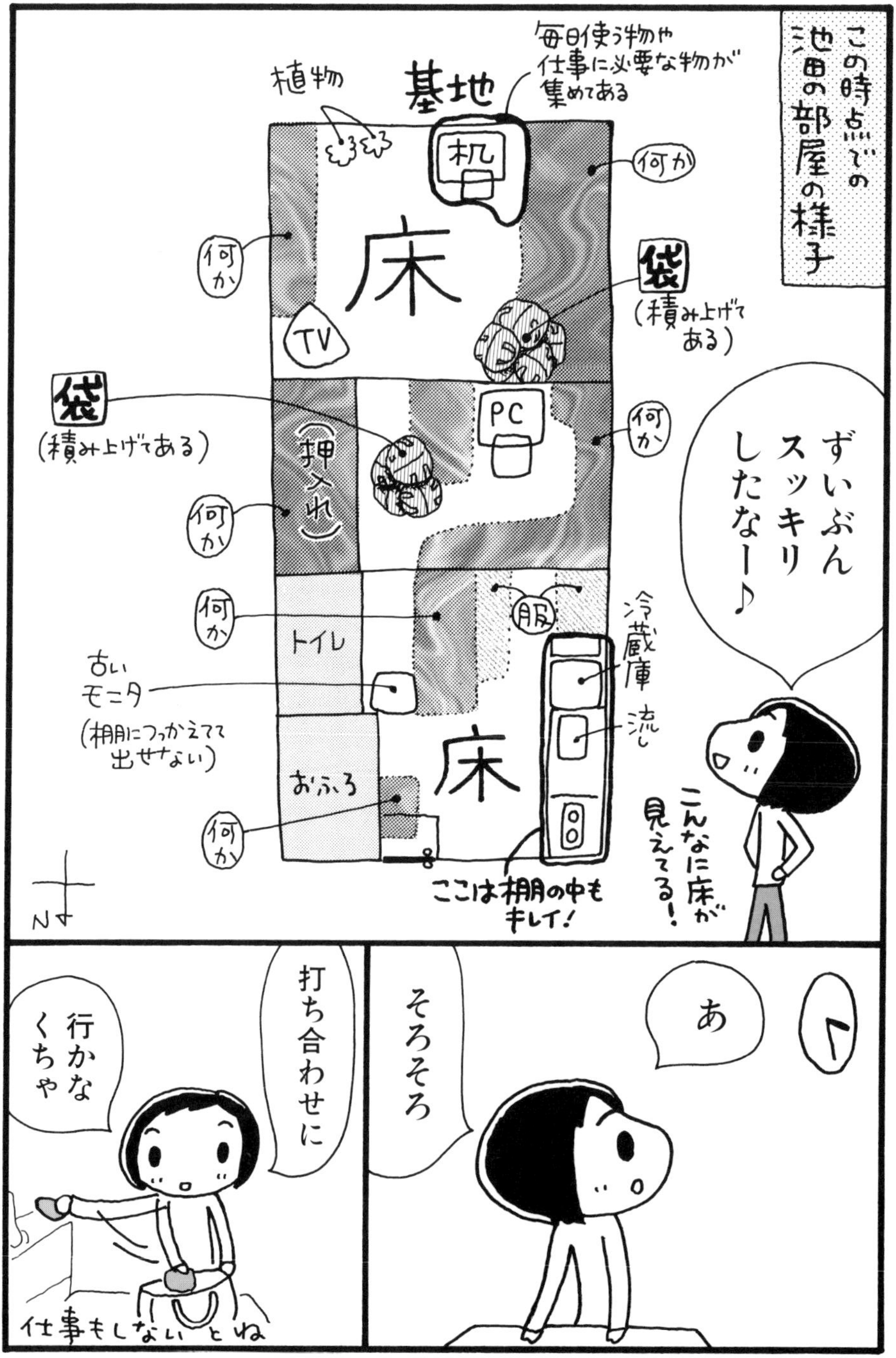
この時点での池田の部屋の様子
植物
基地
毎日使う物や仕事に必要な物が集めてある
机
何か
床
袋
(積み上げてある)
TV
袋
(積み上げてある)
押入れ
PC
何か
何か
服
冷蔵庫
流し
トイレ
古いモニタ
(棚につっかえてて出せない)
おふろ
床
何か
ここは棚の中もキレイ!
N
ずいぶんスッキリしたなー♪
こんなに床が見えてる!
あ
そろそろ
打ち合わせに
行かなくちゃ
仕事もしないとね

打ち合わせして
ハイ
帰りに回るお寿司食べて
1皿 140円
うま
頭を使うと生魚が食べたくなるよね
ついでにあれこれ買い物したら
プリンタのインク買っとかなくちゃ
すっかり夜――
あっドラマ始まっちゃう
帰ってすぐテレビ見て
それから
トイレに行こうとして……
あっ！

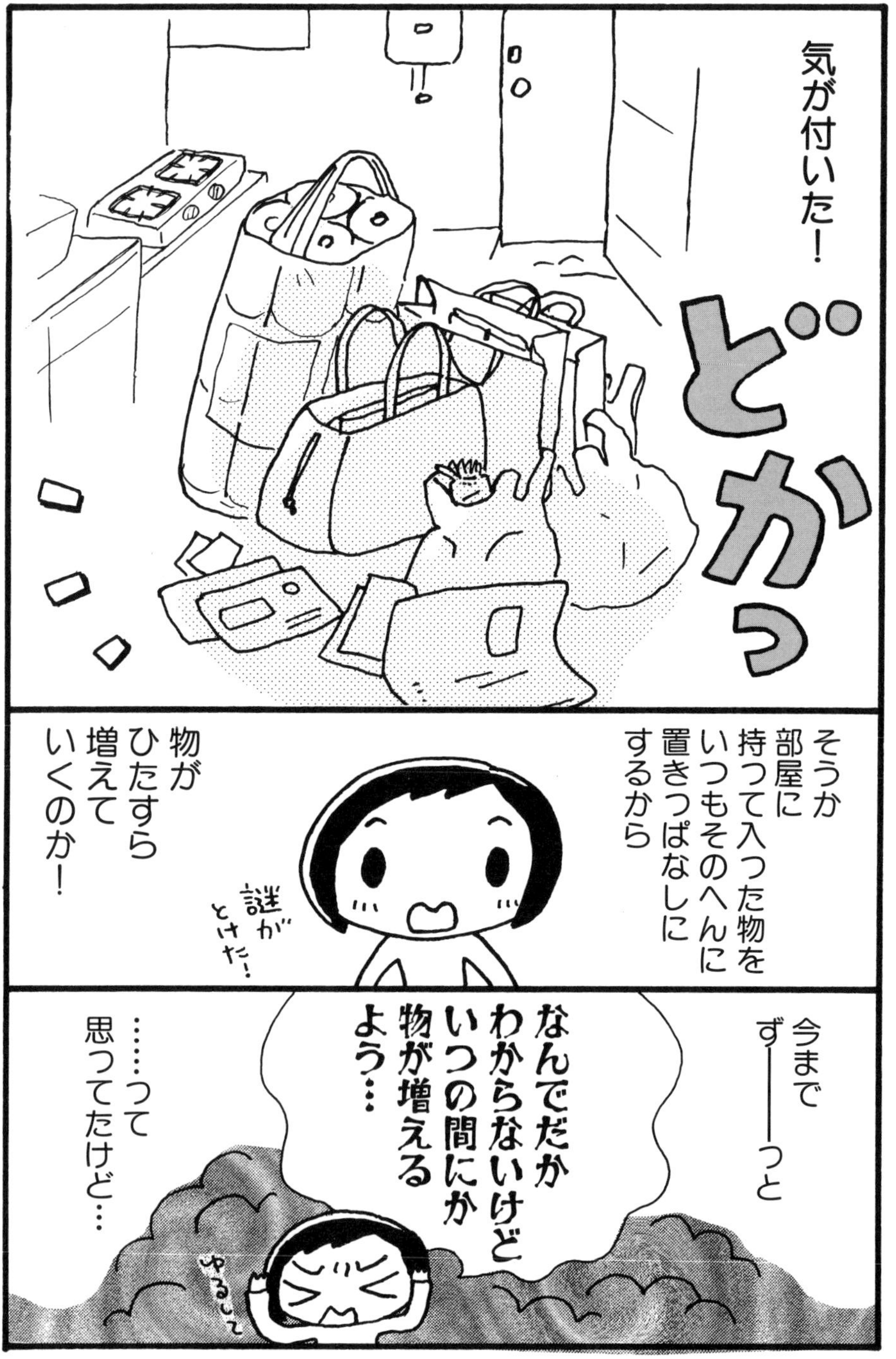
気が付いた！
どかっ
そうか
部屋に
持って入った物を
いつもそのへんに
置きっぱなしに
するから
謎がとけた！
物が
ひたすら
増えて
いくのか！
今まで
ずーーっと
なんでだか
わからないけど
いつの間にか
物が増える
よう…
……って
思ってたけど…
ゆるして

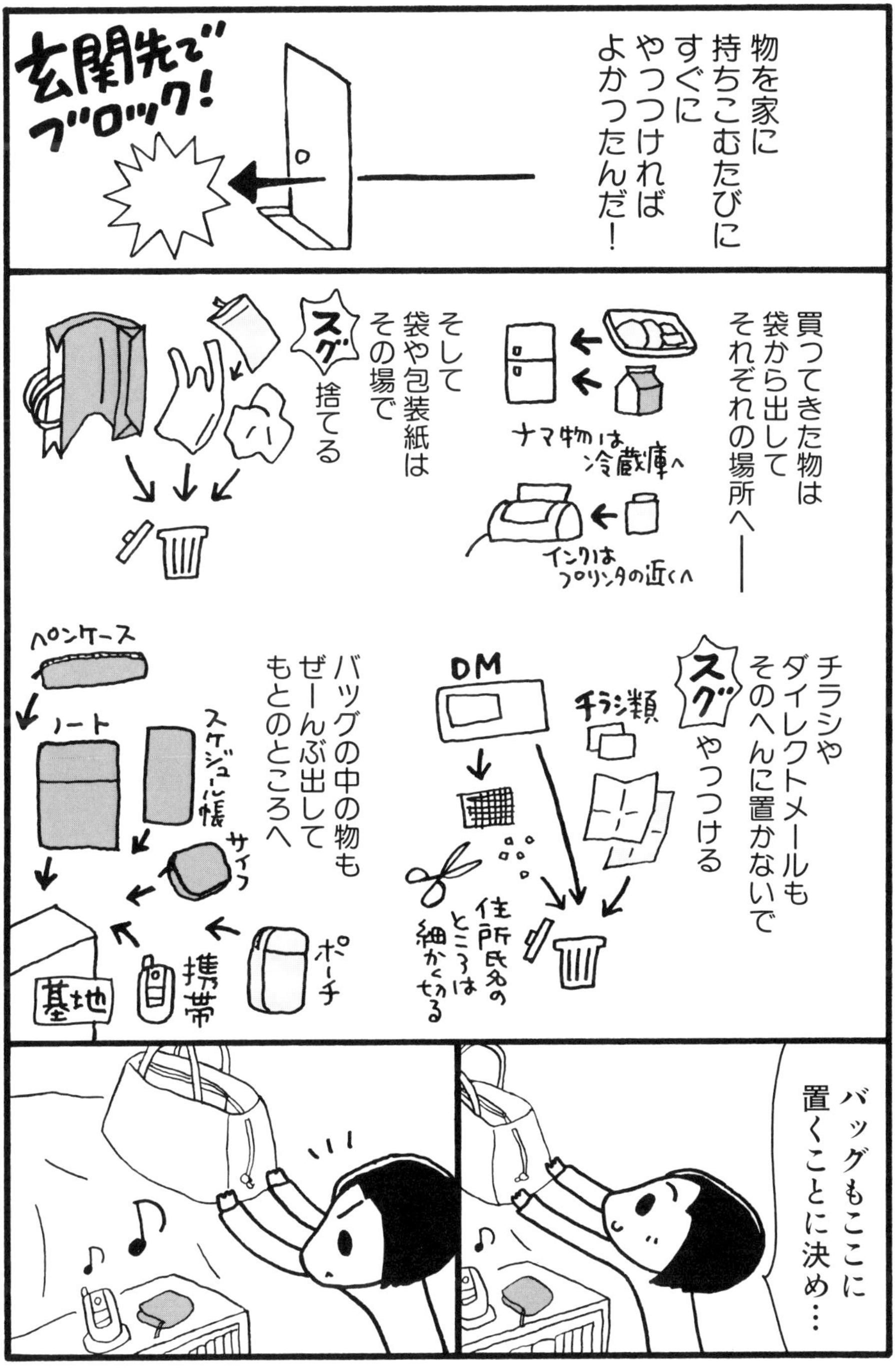
物を家に
持ちこむたびに
すぐに
やっつければ
よかったんだ!
玄関先でブロック!
買ってきた物は
袋から出して
それぞれの場所へ——
ナマ物は冷蔵庫へ
インクはプリンタの近くへ
そして
袋や包装紙は
その場で
スグ捨てる
チラシや
ダイレクトメールも
そのへんに置かないで
スグやっつける
チラシ類
DM
住所氏名のところは細かく切る
バッグの中の物も
ぜーんぶ出して
もとのところへ
ペンケース
ノート
スケジュール帳
サイフ
ポーチ
携帯
基地
バッグもここに
置くことに決め…

ハイ
もしもし
生まれ変わった私は
二度とケータイを
探さない!!
すちゃっ
きっ
きょうこ?
あわわ
早いわね..
あ
おかーさん
母さん
来週
東京で
同窓会が
あってね
四国在住
こんどこそ
暁子のとこに
泊めてもらい
たいんやけど
相変わらず
親にも
見せれんほど
キタナイん
やろか?
ええと
ええと

かまんよ
泊まれるよっ！
おフトン2組
大丈夫！
かくして
母上京——
ここよ
なんでこんなとこに
食器が？
狭い入り口
やねえ…

あっ　ごめん
それまたいで！
あの袋は何なんやろか？
ドウゾ
仕事の机をたたんで…
低いテーブルを押入れから出した
どう？
けっこう広かろ？
広いことは広いけど…
うーん
物が多いけんあんまり広い感じはせんねえ……

きちんと片づけてキレイにして暮らした方がええよ
それから
台所に洋服があるんも感心せんねえ…
お お母さん おフロ入ったら?
おフロここね
はい タオル
よいしょ
?
シャカシャカ シャカシャカ
シャカシャカ?

シャカ
シャカ
シャカ
あわわわ
そんなことせんでもええのに
汚れはためられんよ
訳：ためてはいけませんよ
こぼしたらそのたびにすぐに拭きなさい
なかなかとれんねぇ…
かくして母四国へ帰る——
後日
実家から1枚のFAXが——
じじじじじじ

第7話

「お掃除七つ道具」でガンコ汚れ退治！

上京した母が帰って
数日後――
実家から届いた
FAXには
じじじじじ
暁子へ
母からの指令が
書かれていたので
「これらの
道具を使って」
「こびりついた
汚れを
落としなさい」
おすすめ
道具
私は仕方なく――
「重曹《じゅうそう》」なんて
買ったことないよ
どこに
売ってんだ?
…と思ったら
掃除用品売り場に
あった
重曹
※重曹はお料理用よりお掃除用の方が割安

道具をそろえて
ガンコ汚れの掃除を
始めた――
換気扇に
さわるのなんて
初めてだよ…
ええと…
べったべた
油汚れみたいだから
重曹かな?
サラ
サラ
サラ
サラ
汚れがしつこい時は
少し
時間を
おくこと
…か
もうそろそろ
いいかしら?
え
!

つるり
軽くなでただけで汚れがとれてまっ白に!
お
おもしれー!!!
実演販売ばりに汚れが落ちる!

こんなに楽にキレイになるとは！
はまりそう
換気扇がキレイになったら
ガス台のこげつきが気になってきて
ガス台がきれいになったら
そのまわりの壁がキタナイのが気になってきて…
壁がきれいになったら
その横の流し台の水アカが気になってきて……
もう！やめられない止まらない！
まるでプチプチをつぶすみたいに次から次へと！
パチン
パチン
流し台の蛇口がキレイになったら次はお風呂場の蛇口…
そして浴槽――
湯アカがどんどん落ちていくのが感触の変化でわかる！
気持ちぃーー!!
ざりざり
すりすり
するする
このスポンジすげー!!

ラクラク
池田母おすすめ
お掃除七つ道具
基本
クエン酸
(またはお酢)
水アカに
重曹
油汚れに
古タオル
汚れのひどいところには小さく切って使ってそのまま捨ててもよい
万能クリーナー ヤシの実ホワイト
(アイメディア株式会社)
クリーナー
電化製品の外側など 陶器やガラス プラスチックの汚れに
おそうじ消しゴム
(和田商店)
みどり色
コゲつきやトイレにこびりついた汚れなどに
市販のカビ取り剤
お風呂場のタイルの目地などに
「メラミン樹脂」のスポンジ
まっ白
浴槽の湯アカなどに

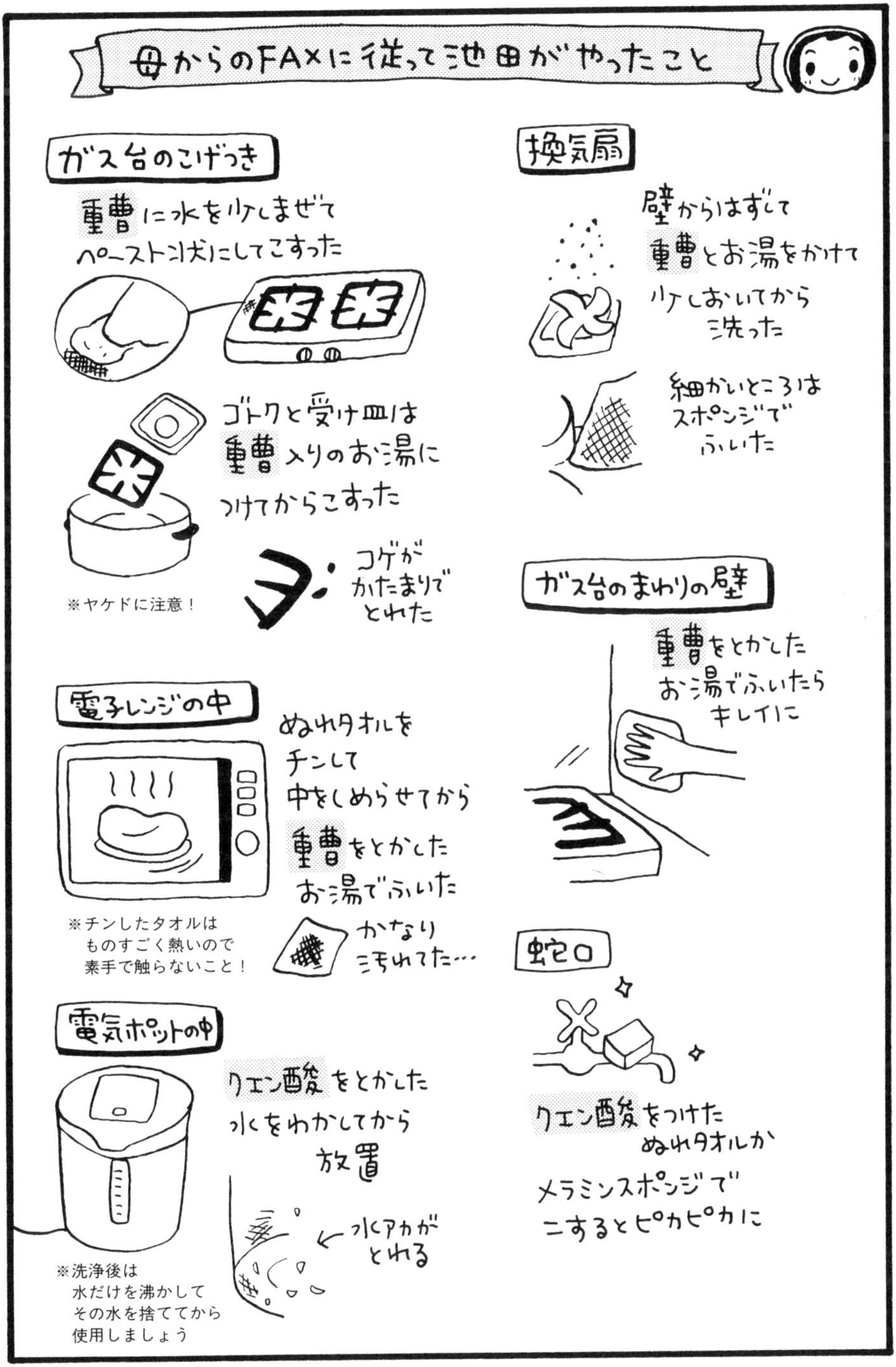
母からのFAXに従って池田がやったこと
ガス台のこげつき
重曹に水を少しまぜて
ペースト状にしてこすった
ゴトクと受け皿は
重曹入りのお湯に
つけてからこすった
コゲがかたまりでとれた
※ヤケドに注意！
電子レンジの中
ぬれタオルを
チンして
中をしめらせてから
重曹をとかした
お湯でふいた
かなり
汚れてた…
※チンしたタオルはものすごく熱いので素手で触らないこと！
電気ポットの中
クエン酸をとかした
水をわかしてから
放置
水アカがとれる
※洗浄後は水だけを沸かしてその水を捨ててから使用しましょう
換気扇
壁からはずして
重曹とお湯をかけて
少しおいてから
洗った
細かいところは
スポンジで
ふいた
ガス台のまわりの壁
重曹をとかした
お湯でふいたら
キレイに
蛇口
クエン酸をつけた
ぬれタオルか
メラミンスポンジで
こするとピカピカに

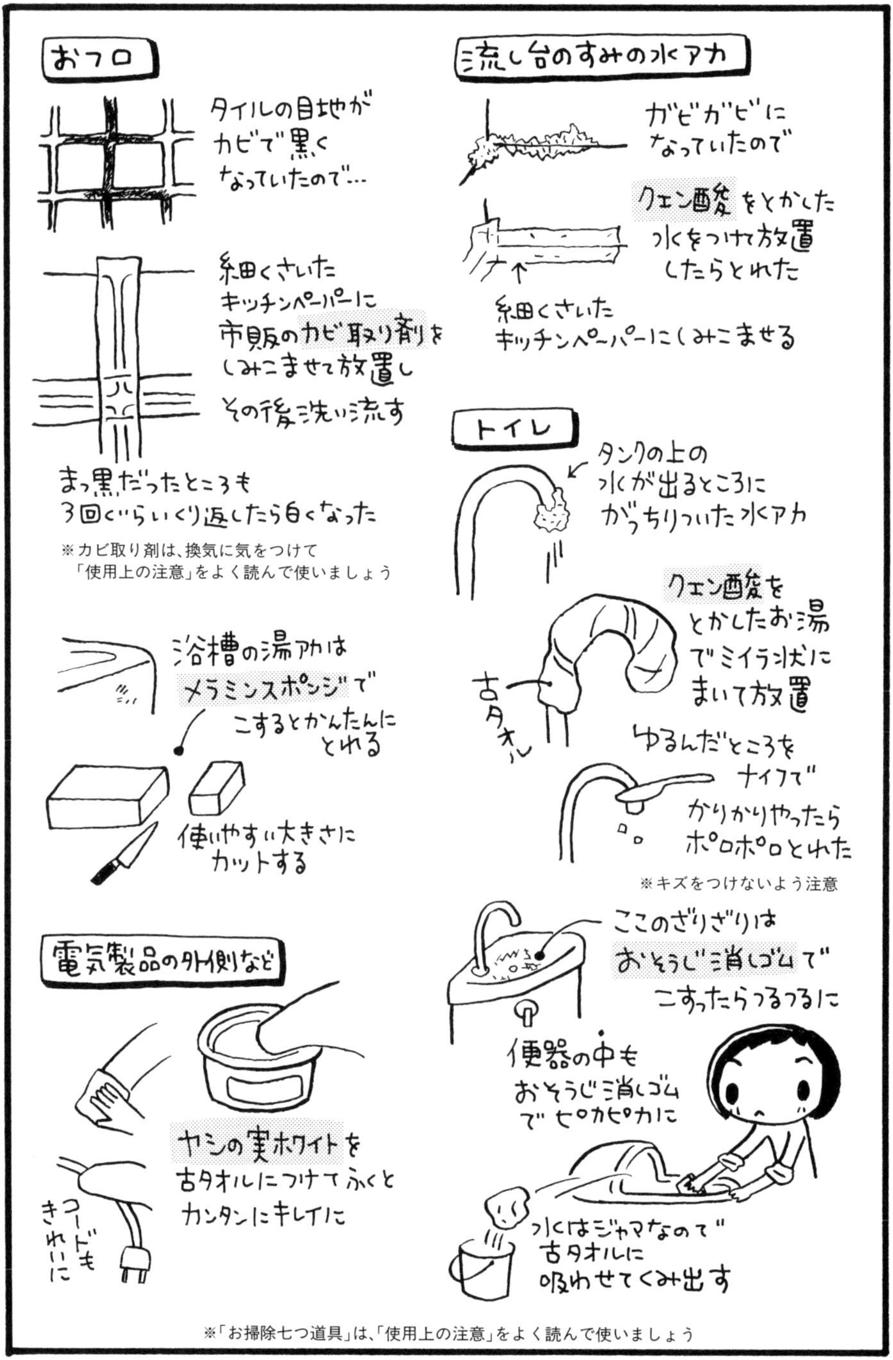
おフロ
タイルの目地が
カビで黒く
なっていたので…
細くさいた
キッチンペーパーに
市販のカビ取り剤を
しみこませて放置し
その後洗い流す
まっ黒だったところも
3回ぐらいくり返したら白くなった
※カビ取り剤は、換気に気をつけて
「使用上の注意」をよく読んで使いましょう
浴槽の湯アカは
メラミンスポンジで
こするとかんたんに
とれる
使いやすい大きさに
カットする
電気製品の外側など
ヤシの実ホワイトを
古タオルにつけてふくと
カンタンにキレイに
コードも
きれいに
流し台のすみの水アカ
ガビガビに
なっていたので
クエン酸をとかした
水をつけて放置
したらとれた
細くさいた
キッチンペーパーにしみこませる
トイレ
タンクの上の
水が出るところに
がっちりついた水アカ
クエン酸を
とかしたお湯
でミイラ状に
まいて放置
古タオル
ゆるんだところを
ナイフで
かりかりやったら
ポロポロとれた
※キズをつけないよう注意
ここのざりざりは
おそうじ消しゴムで
こすったらつるつるに
便器の中も
おそうじ消しゴム
でピカピカに
水はジャマなので
古タオルに
吸わせてくみ出す
※「お掃除七つ道具」は、「使用上の注意」をよく読んで使いましょう

なんだか私…
掃除楽しいかも
お掃除上手な人みたいじゃない？
水まわりがキレイになって蛇口や流し台が光ってると
台所が明るい！
目がよくなったような気がする♪
お風呂場もキレイになったし
おフロよし！
トイレもキレイになったし
トイレよし！
広くてキレイな床も見えてるし…
あ…あれ？

せっかくの
キレイな床に…
細かいゴミや
ホコリが
いっぱい！
なんで？
テレビの上にも
うっすらと
白いホコリ
が…
え……
な……なんで？

私…
昨日 掃除機
かけなかったっけ？
テレビの上もたしか
おとといぐらいに
拭いたよね？
ゴ…
ゴミやホコリ
って…
そんなにスグに
溜まるもの
だったんだ……
知らなかった…
そ…それじゃあ……
いつもキレイなところに
いたかったら
いつも掃除してなきゃ
いけないいんじゃん…
だからうちは
いつもキタナイ
のか…
うちの掃除機くん
活躍するのはまに
粉モノをこぼした時
どこかから
引っぱり出すときに折れた
掃除って
「やらなきゃいけない」
ことだったのね……まるで

トイレに行かなきゃいけないのと同じように！
生きてる限りゴミが出つづけるよ！
うんちを流すようにそうじをしよ〜
めんどくさいけど…
あきらめてやるしかないか…
そういえばこの前お母さんが来た時――
水アカがこびりつくけん流しを使うたびにすぐ拭いとかんといけんよ

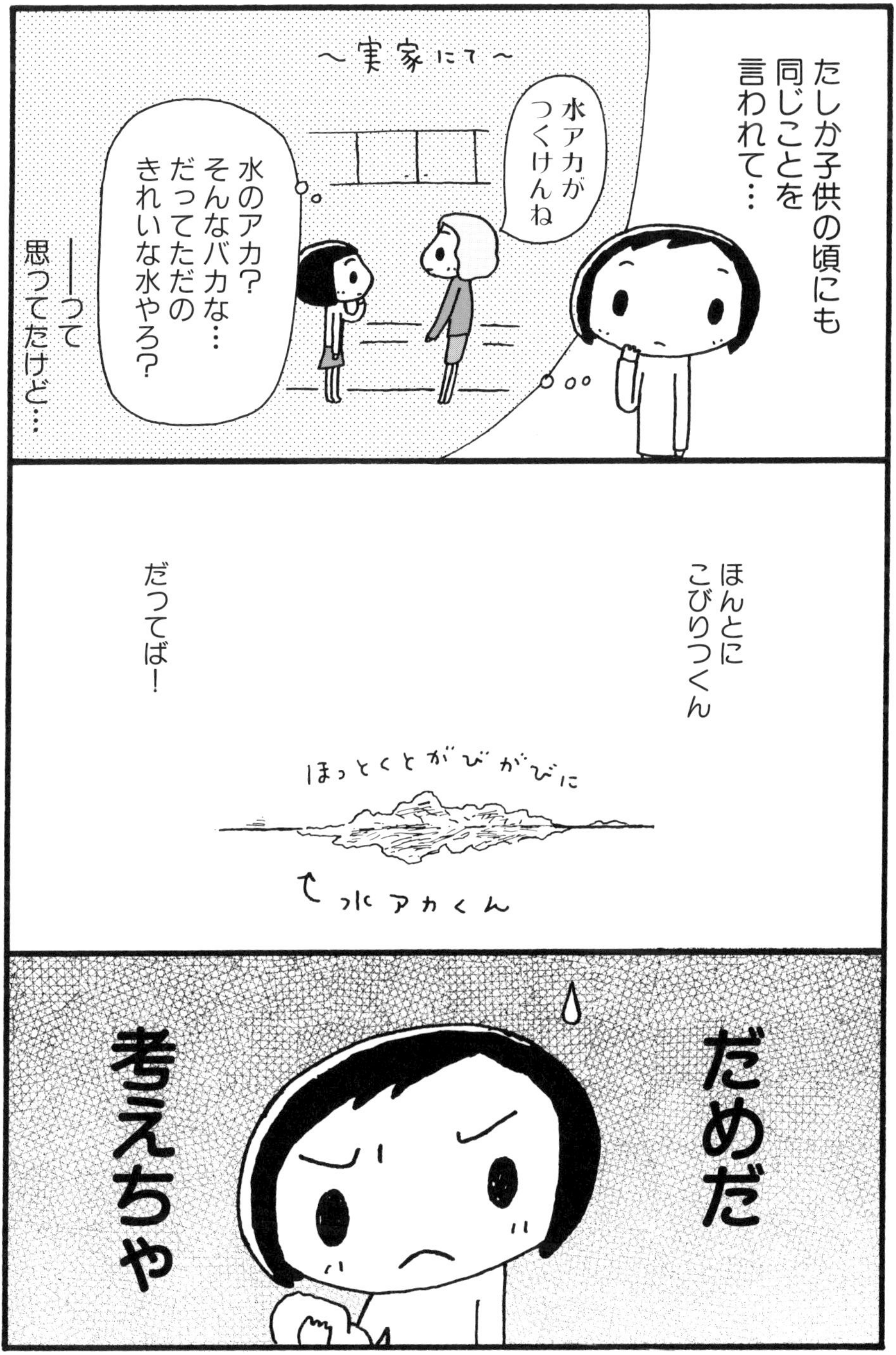
たしか子供の頃にも同じことを言われて…
〜実家にて〜
水アカがつくけんね
水のアカ？そんなバカな…だってただのきれいな水やろ？
——って思ってたけど…
ほんとにこびりつくん
だってば！
ほっとくとがびがびに
水アカくん
だめだ
考えちゃ

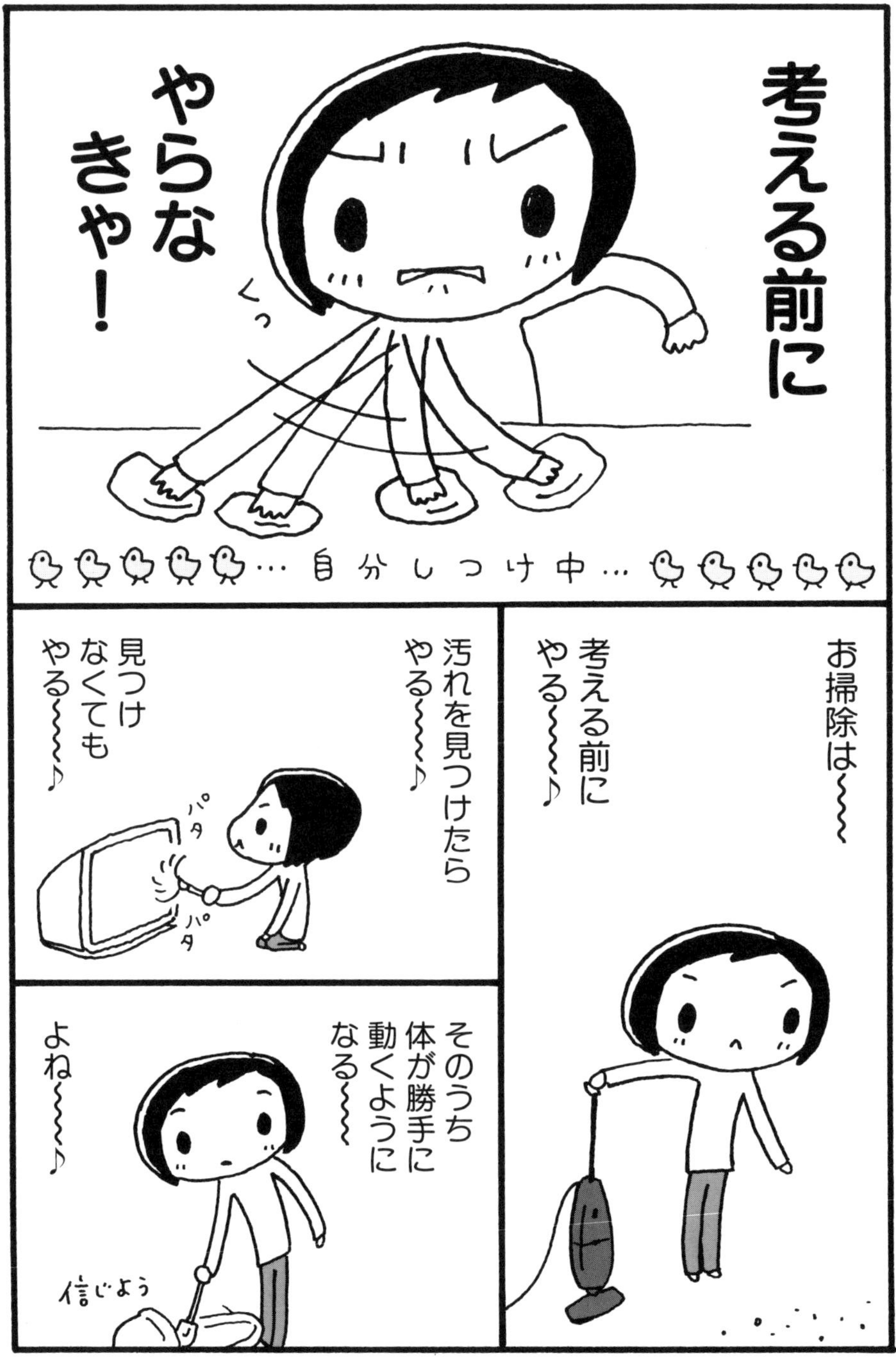
考える前に
やらなきゃ!
くっ
…自分しつけ中…
お掃除は〜〜〜
考える前にやる〜〜〜♪
汚れを見つけたらやる〜〜〜♪
見つけなくてもやる〜〜〜♪
パタパタ
そのうち体が勝手に動くようになる〜〜〜
よね〜〜〜♪
信じよう

そんなある日――
最近なんだか暮らしやすいなあ…
部屋は片づいてるし掃除もできてるし
いちいち物を探さなくていいから疲れないし
台所がいつもキレイだから自炊の回数も増えたし
それに何より今年は――

ホットカーペットが、平らに敷けてるし！
ぬく ――
去年は ――
半分だけ暖めて
ちんまり
危険だったかも…
ひろびろ ――
片づけてホントによかったなあ…
RRR
あっユミちゃん
ひさしぶり――
彼
と
最近どう――？
紹介してくれた人

あっ えっと ちょっと フラれちゃった っぽい というか…
言ってなくてごめん
そう なんだ〜
あっ でも 今日 電話したのは そのことじゃ なくてね
こんど また一緒に 旅行行かない？ 海外
台北とかが いいかなー？
いいねー！
じゃあ早速 申し込みに 行こうよ！ 急だけど 明日はどう？
早めに おさえないとね
いいよっ！
よし じゃあ明日ね！ 番号がいるから パスポート 持ってきてね！
うん わかった！
わーい

旅行の申し込みのために
急遽《きゅうきょ》パスポートが
必要になった――
パスポートって…
たしかこのへんだよね？
あれ？ここじゃないな…
もう一つ下の段かな？
違うなこっちかな？

たしかここの引き出しに
入れたはずなんだけど…
おかしいなあ…
もう1回よく見てみよう…
がっこん
ないなあ…
……
捜索は続けど

パスポートは見つからず
……
ここじゃ
ないと
したら…
どこ
なんだ?
この部屋のどこかに絶対
あるはずなんだけど…
全く
心あたり
ナシ

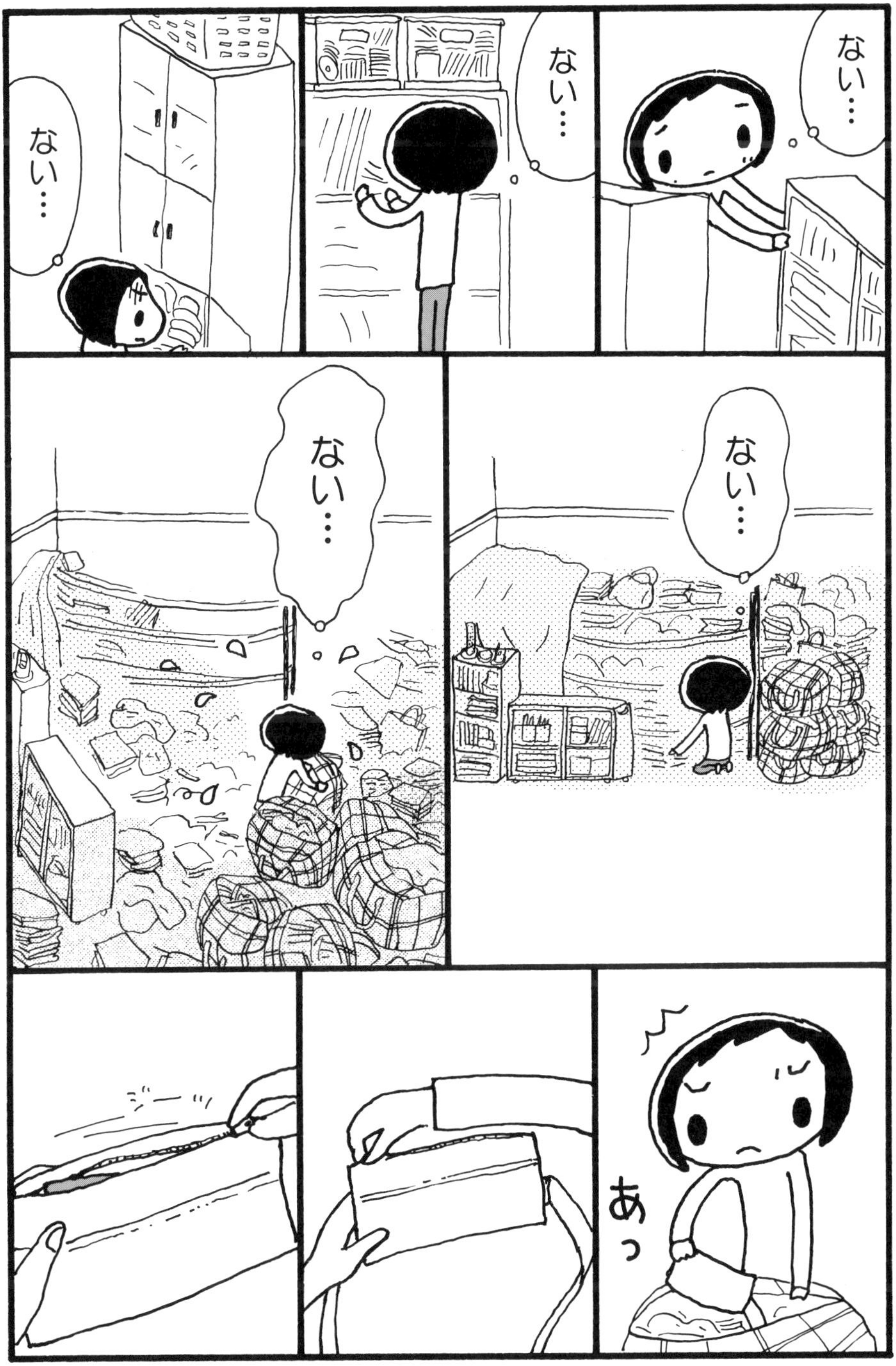
ない…
ない…
ない…
ない…
ない…
あっ
ジーッ

日本国旅券
あった……
前の旅行の時に入れてたポーチの中にそのまんま……
……………

第8話

こうして「汚部屋」は「お部屋」になった！

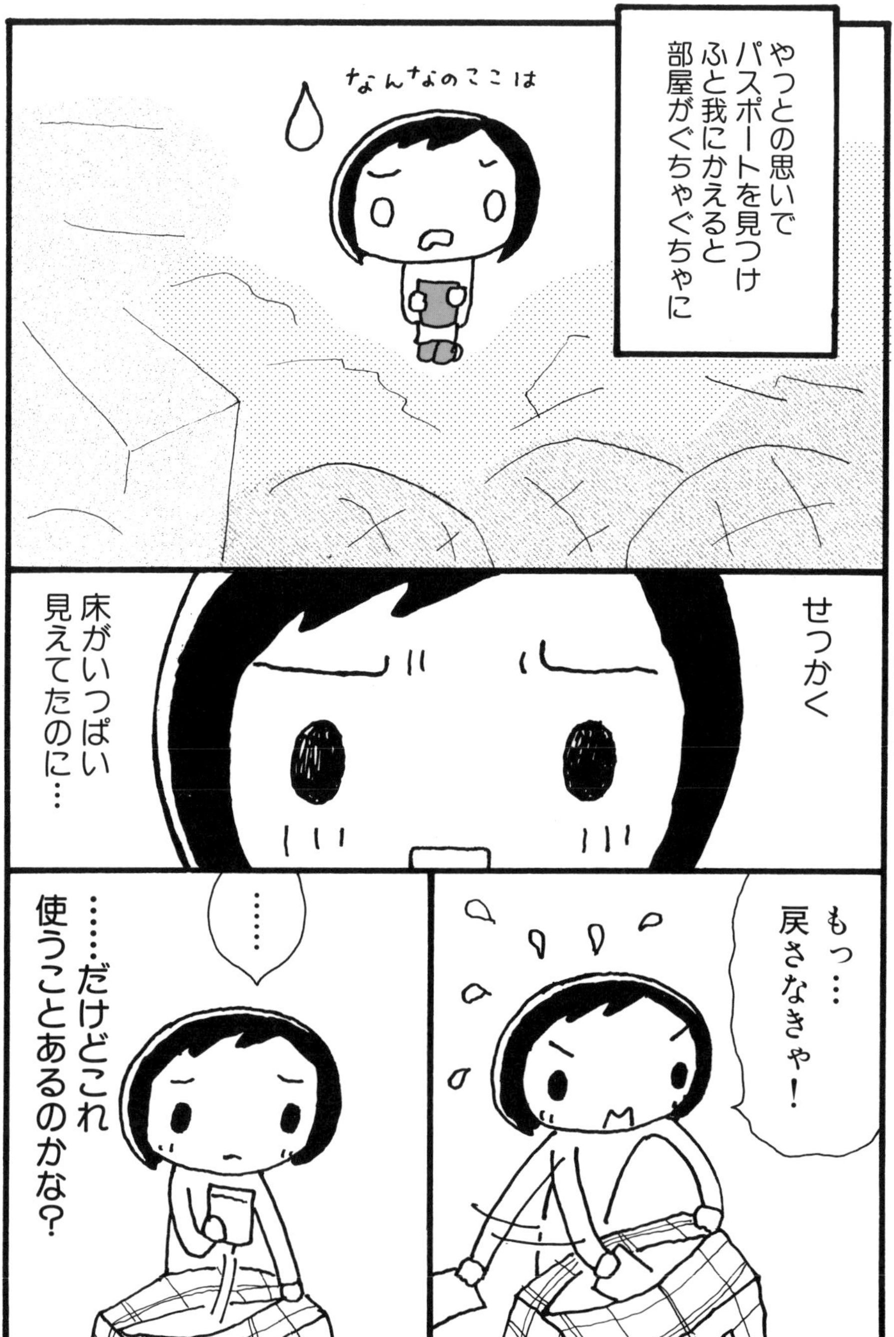
やっとの思いで
パスポートを見つけ
ふと我にかえると
部屋がぐちゃぐちゃに
なんなのここは
せっかく
床がいっぱい
見えてたのに…
もっ…
戻さなきゃ！
……
……だけどこれ
使うことあるのかな？

誰かのお祝いの時に
この荷物の山の中から
ひっぱり出して……?
他にも
アルカリ
sun
protect
MEMO
「まだ使えるから」とか
「後でゆっくり読もう」とか
地下鉄
NEWS
「いつか必要になるかも」とか
「何かの時に使えるかも」
——とかいって
「何かの時」って
何の時よ?
あれこれ
捨てずに
残してあるけど…

イザ要る時に
アクセスできなかったら
持ってないのと
おんなじじゃん
実際ぜんぜん使ってないし
どうしてこんなにわけのわからない物がいっぱいあるんだ?
大きな袋に10コ分も…
その他に20コ以上ある棚の中にも物がいっぱい……

私に把握《はあく》できる量の限界を超えてるよ！
それもとっくの昔に…
「とりあえずとっておこう」とか「いつか整理しよう」とかいって後回し後回しにして溜めこんで…この荷物はもう——
べったりこびりついたガンコ汚れと一緒！
捨てよう！ぜんぶ！
まだ使えるかどうかとかはこの際カンケーない！

ガンコな荷物を
スッキリ
除去して
この部屋を
リセット
するんだ！
捨てる決心のつかない物を
「片づけ」と称して
あっちへやったり
こっちへやったり…
とりあえず
とっとこう
とりあえず
とっとこう
そんなのはもうやめだ！
1つの物につき
1回しか
悩んじゃいけない
ことに決めるぞ！
あともう一つ
“とりあえず”
は禁止だ！
ゴー
こんどこそ
捨てるぞっ！
捨てるったら
捨てる！

大量の雑誌
まだ読んでない記事もたくさんある――
心残りだ
けどゼンブ捨てる
読んでない記事とは
もともと縁がなかったのさ
ビデオテープ
お気に入りのテレビ番組とかが入ってる
みんな捨てる!
だってこれ全部見ようと思ったら何日かかるやらわからんし
それにだいいち――
うううう
不燃
ビデオデッキが壊れてるから見られないし
3本に2本はちゅるちゅる巻き込むよ♪
デッキも捨てよう
HDDレコーダー買ったし…
ゴミ袋
あ

資格試験の参考書
ノート まっ白だった…
もちろん 本もピカピカ
もう… 持ってても やらないよ いや できないよ やらなくて いいよ 無理だって
捨てよう！
パソコンの技法書
フォトショップ 7日間マスター
このソフトはもう 使い方わかるように なったから…
こっ これは ザセツしたから 捨てるんじゃ ないよっ
捨てよう
写真用ファイルたくさん(新品)
整理しようと 思ったらしい
買ったの5年くらい 前だっけ?
ぜんぶ 捨てよう
5年間やらなかったこと 今さらやらないでしょ
不燃

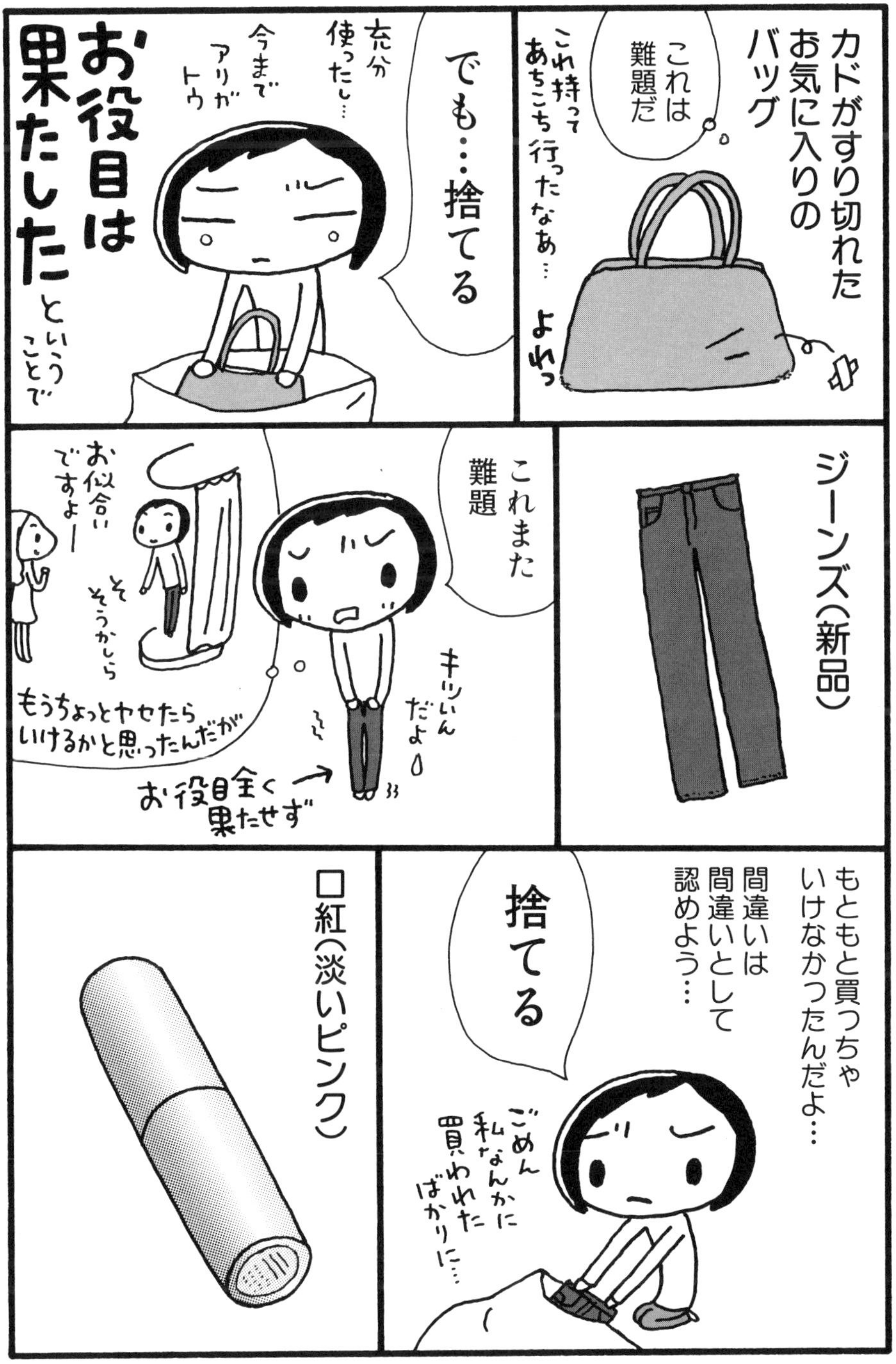
カドがすり切れたお気に入りのバッグ
これは難題だ
これ持ってあちこち行ったなあ…
よれっ
でも…捨てる
充分使ったし…
今までアリガトウ
お役目は果たしたということで
ジーンズ（新品）
これまた難題
お似合いですよー
そそうかしら
もうちょっとヤセたらいけるかと思ったんだが
キツいんだよ
お役目全く果たせず
もともと買っちゃいけなかったんだよ…
間違いは間違いとして認めよう…
捨てる
ごめん私なんかに買われたばかりに…
口紅（淡いピンク）

に…似合わねーー
この色は顔がどす黒く見えるね

なんか敗北感

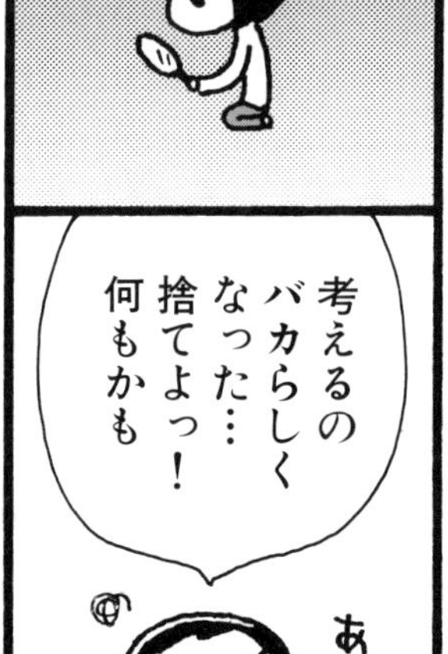
考えるのバカらしくなった…捨てよっ！何もかも
あー
もー

Step4

今使わない物を捨てる

普段よく使っている物と
必ず使う物だけを残します。

部屋をリセットするために捨てなきゃいけない物とは

増え続ける物（主に情報関係）

新聞　雑誌　DMやパンフレットなど

★日頃から捨て続けなければタイヘンなことに

お役目を終えた物

充分使いきった物

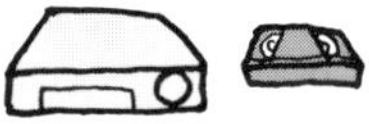

今はもう使わない物

間違えて買った物

似合わない服やサイズの合わない服

つい買い揃えたけれど使わなかった化粧品　など

★持っていても過ちが消せるわけではない
潔く捨てて次からは間違えないよう気をつける

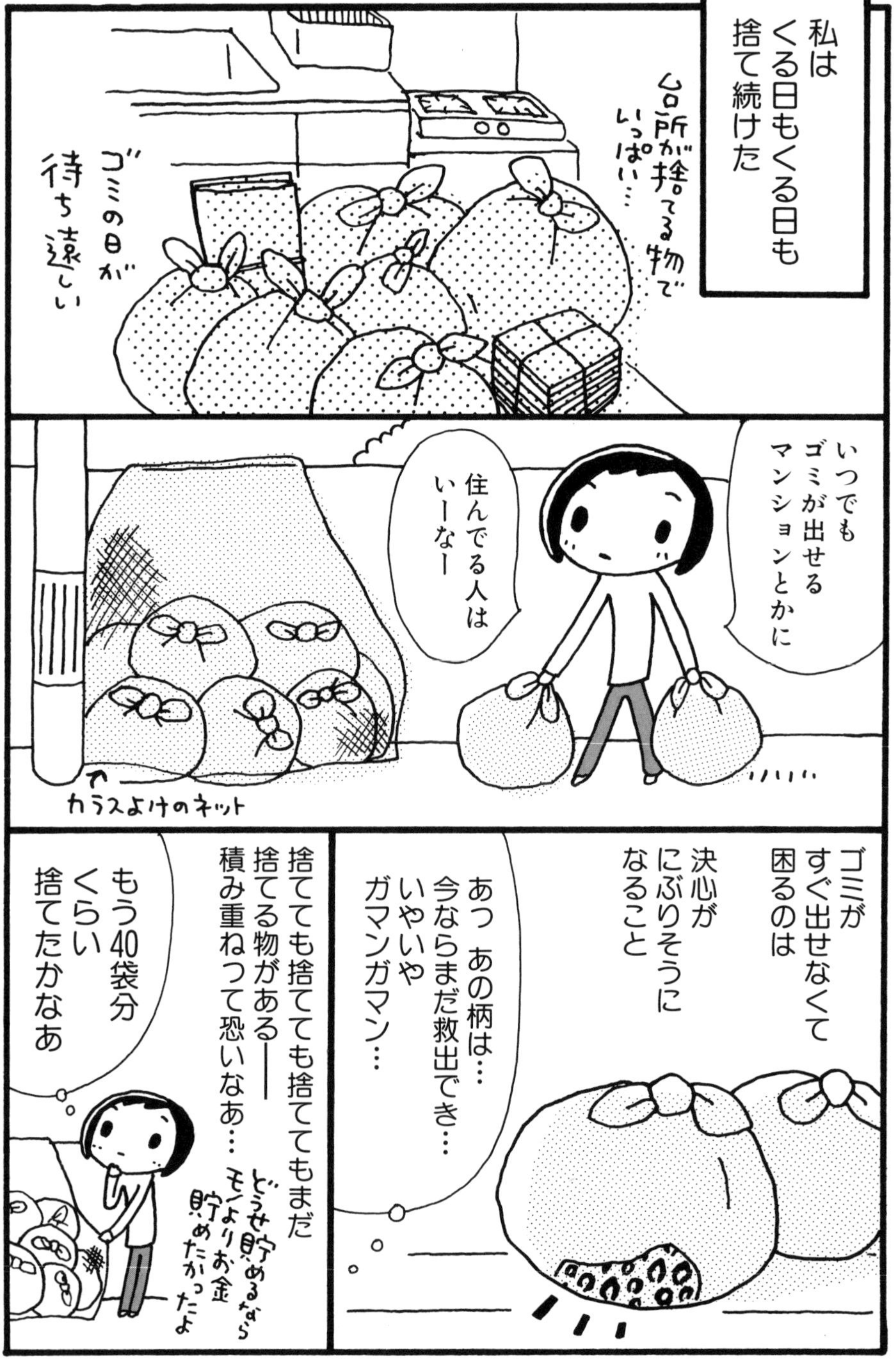
私は くる日もくる日も 捨て続けた
台所が捨てる物で いっぱい…
ゴミの日が 待ち遠しい
いつでも ゴミが出せる マンションとかに
住んでる人は いーなー
カラスよけのネット
ゴミが すぐ出せなくて 困るのは
決心が にぶりそうに なること
あっ あの柄は… 今ならまだ救出でき… いやいや ガマンガマン…
捨てても捨てても捨ててもまだ 捨てる物がある―― 積み重ねって恐いなあ…
もう40袋分 くらい 捨てたかなあ
どうせ貯めるなら モノよりお金 貯めたかったよ

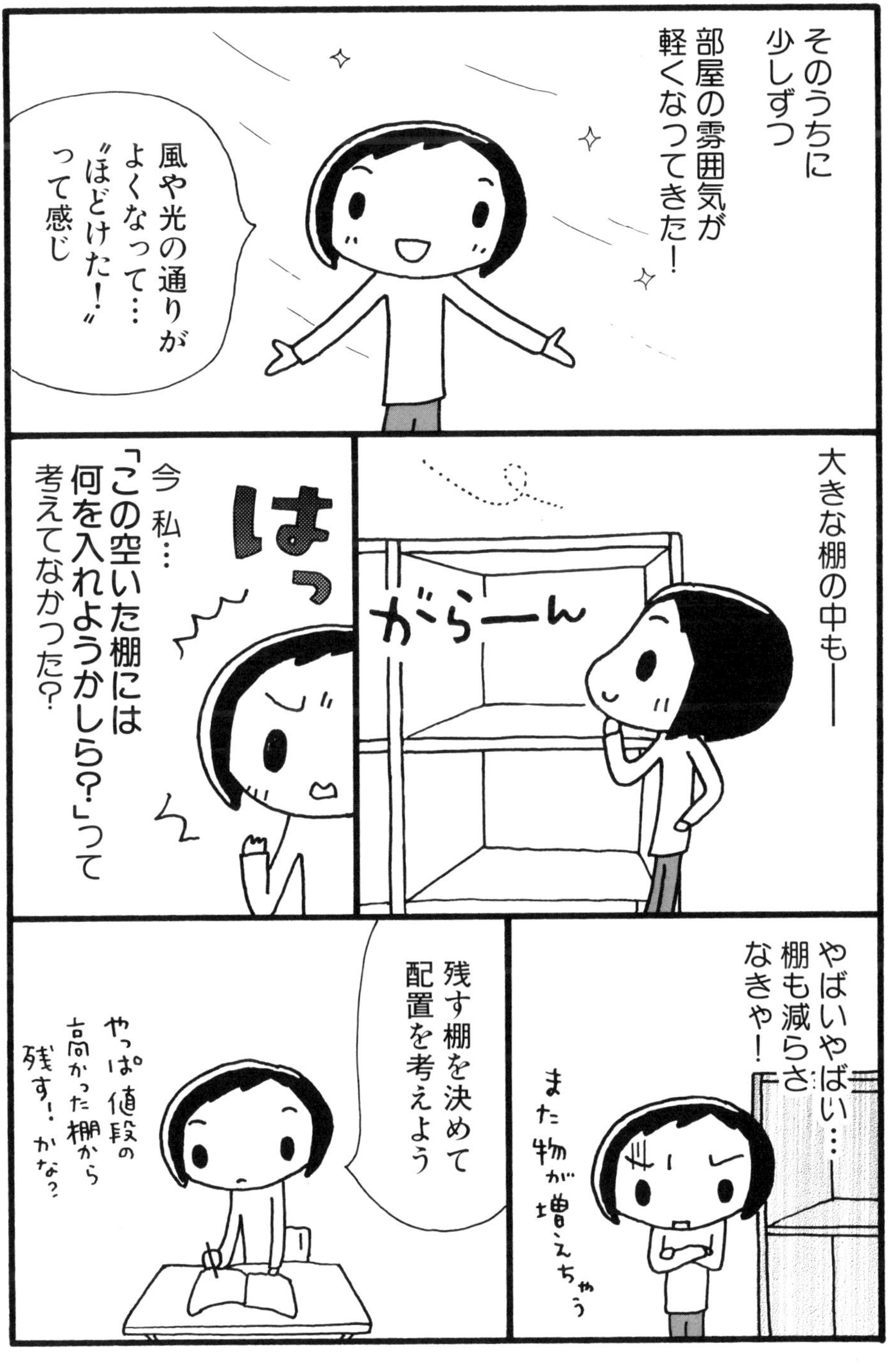
そのうちに
少しずつ
部屋の雰囲気が
軽くなってきた!
風や光の通りが
よくなって…
〝ほどけた!〟
って感じ
大きな棚の中も――
がら〜ん
今 私…
「この空いた棚には
何を入れようかしら?」って
考えてなかった?
はっ
やばいやばい…
棚も減らさ
なきゃ!
また物が増えちゃう
残す棚を決めて
配置を考えよう
やっぱ値段の
高かった棚から
残す!かな?

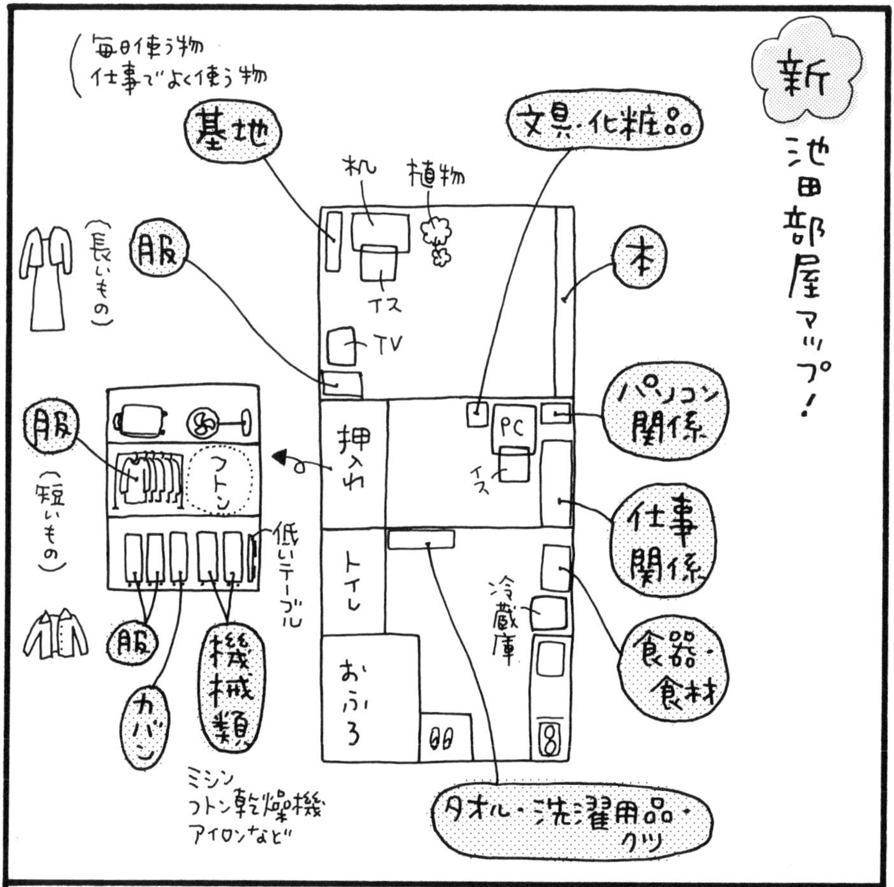
新
池田部屋マップ！
毎日使う物
仕事でよく使う物
基地
机
植物
文具・化粧品
服
（長いもの）
本
イス
TV
パソコン関係
押入れ
PC
イス
服
（短いもの）
フトン
仕事関係
低いテーブル
トイレ
冷蔵庫
食器・食材
おふろ
服
カバン
機械類
ミシン
フトン乾燥機
アイロンなど
タオル・洗濯用品・クツ

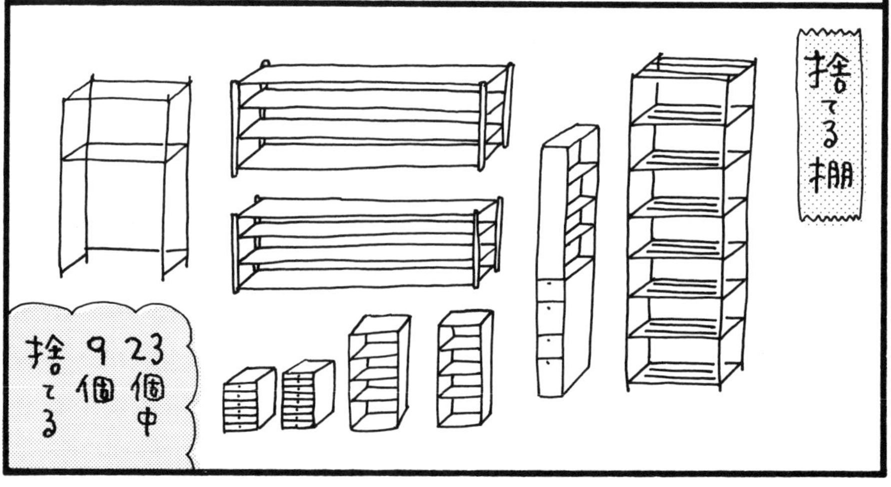
捨てる棚
23個中
9個
捨てる

これだけはっきり分けとけば物を見つけやすい！
混ざらないようにするぞ！

このスペースからはみ出す物は持たないことに決めよう！
増やさないぞ

Step5

部屋のマップを作る

スペースをエリア分けして
物のテリトリーを決めます。

棚を動かして…
よいっ…しょ
これがけっこう重労働

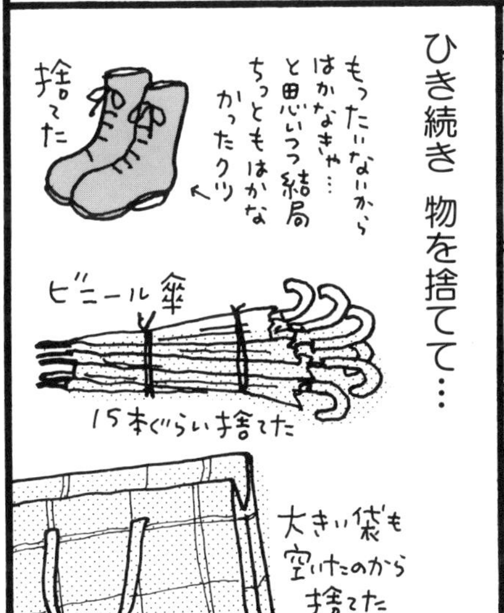
ひき続き 物を捨てて…
もったいないからはかなきゃ…と思いつつ結局ちっともはかなかったクツ
捨てた
ビニール傘
15本ぐらい捨てた
大きい袋も空けたのから捨てた

使わなくなった棚も捨てて…
これがまた大変…
粗大ゴミだと出す時お金がかかっちゃうので小さくしている
ギコギコギコギコ
みかん
物を決めた場所に移しつつ…
「台所に洋服問題」もやっと解決！
もっと物を捨てて…
見慣れた物ほど捨てるのがつらいんだよね…
高校時代のTシャツの生き残り
さらに物を移しつつ…
量が減って前よりずっと見やすくなった
物をまだまだ捨てて…
耳かき
なんかいっぱい出てくる
2本だけ残した

モニタをリサイクルに出して
やっと出られる!
おフロ
掃除をしたら——
床が出てると
拭きやすい!
やだ…何この部屋!
素敵…!
ココ ホントに私の部屋?
まるで…

普通の
部屋みたい♡
ああ――
なんて
マトモなの！
うれし――
よくぞ
ここまで…
これでもう
人が
ビックリしたり
逃げ帰ったり
することは
ないんだわ！
やがて 友だちとの
旅行前日――
部屋が
片づいてると
準備も
超スムーズ！
いってき
ますっ！
わーい♪
日本国

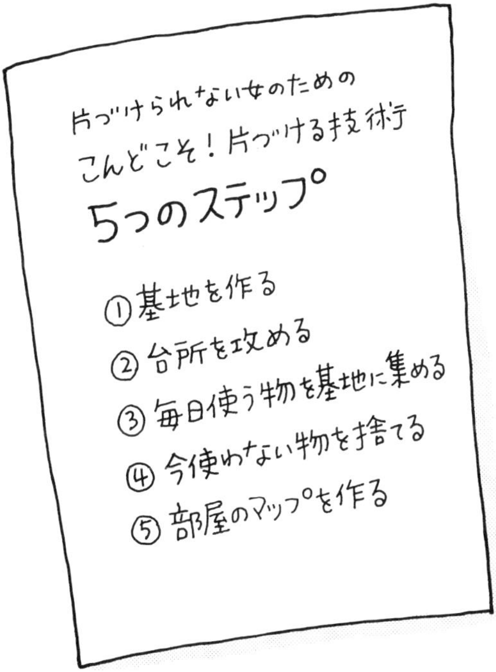
片づけられない女のための
こんどこそ！片づける技術
5つのステップ
①基地を作る
②台所を攻める
③毎日使う物を基地に集める
④今使わない物を捨てる
⑤部屋のマップを作る

くわしくは次のページへ！

「汚部屋」完全攻略！

こんどこそ片づく5つのステップ

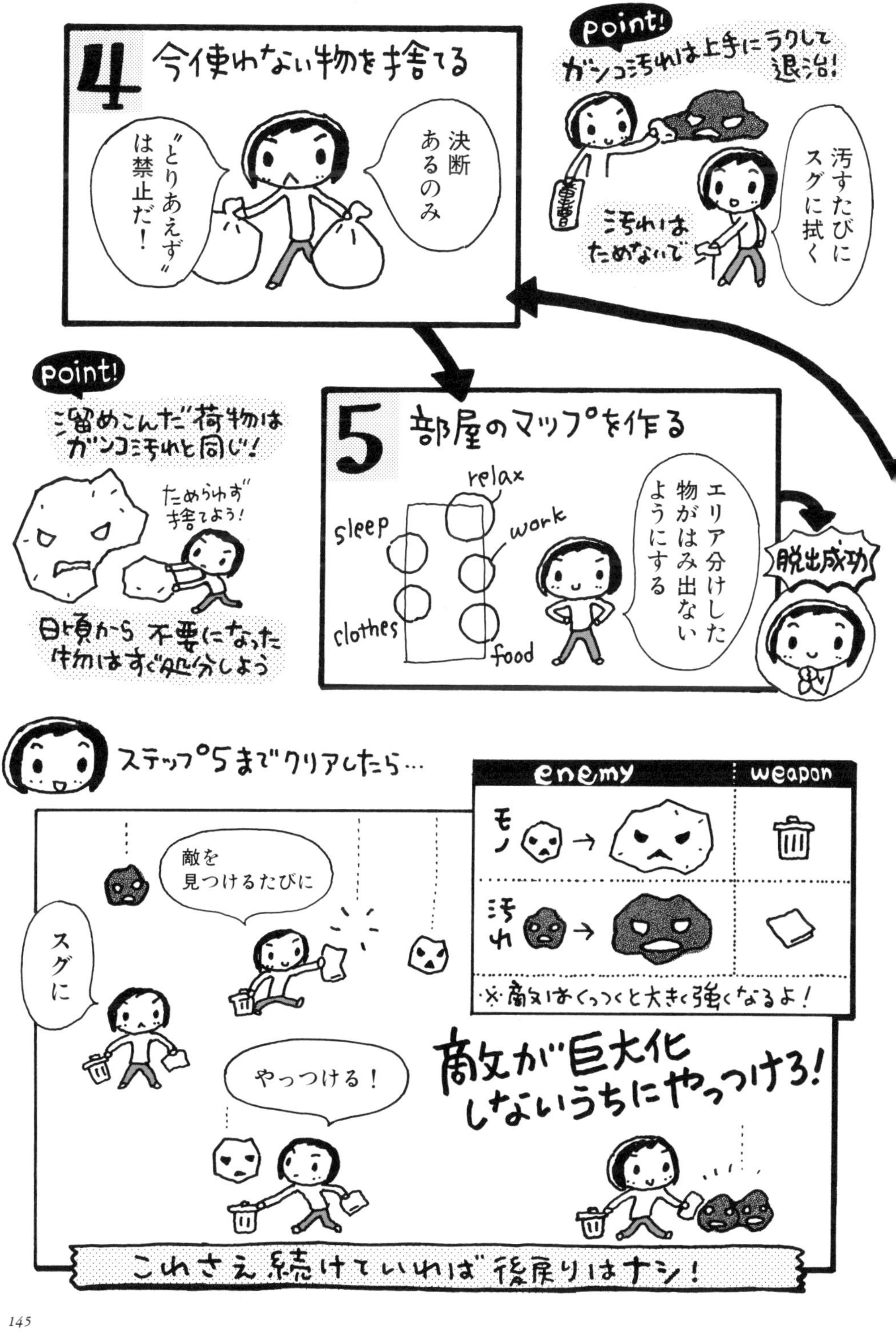
4 今使わない物を捨てる
決断あるのみ
"とりあえず"は禁止だ！
point!
ガンコ汚れは上手にラクして退治！
汚すたびにスグに拭く
汚れはためないで
point!
溜めこんだ荷物はガンコ汚れと同じ！
ためらわず捨てよう！
日頃から不要になった物はすぐ処分しよう
5 部屋のマップを作る
relax
sleep
work
clothes
food
エリア分けした物がはみ出ないようにする
脱出成功
ステップ5までクリアしたら…
enemy
weapon
モノ
汚れ
※敵はくっつくと大きく強くなるよ！
敵を見つけるたびに
スグに
やっつける！
敵が巨大化しないうちにやっつけろ！
これさえ続けていれば後戻りはナシ！

旅行を終えて無事帰国――
おもしろかったねー
またどっかいこうねー
さそってくれてありがとねー
旅行って終わると寂しいなぁ…
あ～あまたもとのキタナイ…
あっ
そうだうち…もう汚くないんだ――
じーん

帰ったらすぐスーツケースの中味と
テキパキ
スグにやらないとね
スーツケースを片づけて
次回もよろしくねー
記念にとっておくチケット類を数枚選んで
ノートに貼って
♪
旅先のお店の袋やチラシ類はゼンブ今捨てる――
なごりおしいけど時間がたつほど捨てにくくなるので
旅行から帰ってスグお片づけなんて前の私なら絶対にできなかったこと
荷物が残ったまま何か月でも放置
次に使う時に開けたら前の旅行のおみやげの残りが…
あらら
でも今はやる!
なぜって…

あの散らかり地獄に二度と戻りたくないから!!!
見た目がキタナイのも嫌だけど…それ以上にどうしようもなく不便!
物が見つからなくて1日何十回も立ち往生
なんにもできないまま1日が終わることもしょっちゅう
できるはずのことの半分もできてないような気がする
これまでずーっとなんでどんどん散らかっていくのか
どうにかしたいのに…
どうすればそれを止められるのかがわからなかったんだよね……
ポイントは
そのたびに
と
すぐに
だったんだ!
部屋に物を持って入るたびにすぐに片づける
使うたびにすぐに戻す
汚すたびにすぐに拭く
これをなまけていると積もり積もってオソロシイことに…
汚れも
荷物も

思えば――
そんなの子どもの頃からいつもいつも言われてきたこと
使うたびにすぐにしまいなさい
でも全然ピンときてなかつた
しまわなかったからってどーなの
今はどんなタイヘンな目にあうかよ～～～～くわかつたから
やります！
そのたびに！すぐに！
たったそれだけで地獄に戻らなくてすむなら喜んで！
だから今私の部屋はフツーにあたりまえにキレイ！
ああ快適！
この「あたりまえ」にどれほど憧れたか！
がんばって片づけてよかったなあ…

おわり

あとがき

ということで、
途中で道を間違ったりもしていますが、
最終的になんとか片づきました。
今もこまめに掃除をして、とりあえず
「普通の部屋」をキープしてます。
片づけで何が一番つらかったかというと、
それはやっぱり「物を捨てる」ことでした。
「まだ使うかも」↓「いや使わないって」
「もったいない…」↓「買ったことが間違いだったんだよ」
こんな風に、自分の中で何度も何度も押し問答をして、
ようやく物を捨て始めることができました。

こうしてゴミになった物を振り返ると、
自分がいかにムダな暮らしをしていたのかが
よーーーくわかります。
貯金もたまらない訳だ。
せっかく部屋もきれいになったことだし、今後は、
無駄づかいをなくして、大の苦手の貯金にいそしみ、
ゴミを毎日出せるステキなマンションに
引っ越すぞー！　と思っています。
最後まで読んでくださって
本当にありがとうございました。

池田暁子（いけだ・きょうこ）

イラストレーター。
神戸大学教育学部卒業、筑波大学芸術専門学群中退、
セツ・モードセミナー修了。編集プロダクション等で雑誌、
広告、書籍、HPの制作に携わり、フリーに。
著書に『ひともうけ　イラストエッセイで読む宇宙一
カンタンな株式投資入門』がある。
http://www.ikekyo.com

ブックデザイン　大久保明子

片《かた》づけられない女《おんな》のためのこんどこそ!片《かた》づける技術《ぎじゅつ》

２００７年４月１０日　第１刷発行
２０２０年７月１０日　第26刷発行

著　者　池田暁子《いけだきょうこ》

発行者　鳥山　靖

発行所　株式会社　文藝春秋
〒102-8008　東京都千代田区紀尾井町3-23
電話　03-3265-1211

印刷所　株式会社光邦

製本所　大口製本印刷株式会社

定価はカバーに表示してあります。

＊万一、落丁乱丁の場合は送料当方負担でお取替えいたします。
小社製作部宛にお送りください。

ISBN978-4-16-369020-9